Paul Lorenzen

Theorie der technischen und politischen Vernunft

Philipp Reclam jun. Stuttgart

Universal-Bibliothek Nr. 9867 [2]

Schrift: Times-Antiqua. Printed in Germany 1978
Satz: Bauer & Bökeler KG, Denkendorf. Druck: Reclam Stuttgart
ISBN 3-15-009867-X

Vorwort

Dem Leser wird hier eine Auswahl vorgelegt, die keine Dokumentation meiner Gedankenwege ist, sondern die zusammenstellt, worauf sich die gegenwärtige konstruktive Wissenschaftstheorie stützt.

Als Einleitung dient – etwas erweitert – ein 1970 für Studienanfänger geschriebenes Gesamtprogramm dieser Wissenschaftstheorie.

Der erste Teil enthält dann Arbeiten zur Begründung der Mathematik im engeren Sinne (Arithmetik und Analysis) und der Mathematik im weiteren Sinne: Wahrscheinlichkeitstheorie, Geometrie und Kinematik. Er schließt mit einer neueren Arbeit zur klassischen Physik und ihrer Einsteinschen Revision.

Erst mit einer Theorie der Mathematik und Naturwissenschaften läßt sich – Kant kritisch wiederholend – der Primat der Ethik und Kulturwissenschaften begründen. Der zweite Teil enthält hierzu drei neuere Vorträge. Insbesondere der dritte stellt noch einmal den Gesamtzusammenhang her: durch eine Kritik der technischen (»theoretischen«) Vernunft zur politischen (»praktischen«) Vernunft zu gelangen.

Paul Lorenzen

Einleitung

Regeln vernünftigen Argumentierens

Eine Demokratie beruht darauf, daß alle wahlfähigen Staatsbürger bei den Wahlen gleichberechtigt sind: one man, one vote! Die Wahlfähigkeit erwirbt der Staatsbürger automatisch dadurch, daß er ein gewisses Lebensalter erreicht, z.B. 18 Jahre. Damit in einer solchen Demokratie bei den Wahlen möglichst »vernünftige« Ergebnisse erzielt werden, ist es erforderlich, daß alle wahlfähigen Staatsbürger sich ihre Meinung und ihr Wollen in bezug auf die jeweils vorliegende Situation möglichst »vernünftig« bilden.

Die Fähigkeit zur Meinungs- und Wollensbildung ist nun leider kein Naturgeschenk, das man – wie etwa die Zeugungsfähigkeit – durch eine natürliche Entwicklung von einem gewissen Alter an »von selber« hat. Der Gesetzgeber spricht die Wahlfähigkeit zwar automatisch von einem gewissen Lebensalter an zu: die dazugehörige Fähigkeit der Meinungs- und Wollensbildung muß sich aber jeder Staatsbürger selber erarbeiten. Der Beweis dafür, daß die Meinungs- und Wollensbildung etwas ist, was sich der Mensch selbst erarbeiten muß – daß es keine natürliche Fähigkeit ist –, ergibt sich daraus, daß das, was jemand meint oder will, abhängig ist von seiner Fähigkeit zu *sprechen.* Nur im Medium der Sprache bildet sich der Mensch eine Meinung, ein Wollen. Die Sprache, z.B. die deutsche Gegenwartssprache, ist aber kein Naturphänomen, sondern eine kulturelle Leistung einer Menschengruppe – übrigens eine kulturelle Leistung, die eine bis in die Vorgeschichte zurückreichende Entwicklung hinter sich hat. Nur wer sich diese kulturelle Leistung kritisch angeeignet hat, nur der ist – wie man im Deutschen sagt – »gebildet«, im Englischen hieße das »educated«. Die kritische Meinungs- und Wollensbildung muß also in einem Bildungsprozeß, in einem Erziehungsprozeß erworben werden. Noch anders ausgedrückt: Die Kunst, kritisch zu einer Meinung, zu einem Wollen zu kommen, muß erst gelernt werden. Wer bloß so, ohne diese Kunst gelernt zu haben, etwas meint oder will, der redet wie ein Kind, das die Wörter, die es braucht, noch gar nicht begriffen hat.

Die folgenden Abschnitte sollen in diese Kunst, das eigene Reden zu begreifen, um dadurch zu einer kritischen Meinungs- und Wollensbildung zu kommen, einführen. Da die Leser schon im geläufigen – leider häufig zu geläufigen – Besitz der deutschen Sprache sind, werden sie gebeten, vorübergehend so zu tun, *als ob* sie noch nicht gelernt hätten, wie man sich eine Meinung, ein Wollen bildet, wie man die »Wahrheit« seiner Meinung bzw. die »Gebotenheit« (oder jedenfalls die Erlaubtheit) seines Wollens mehr oder weniger wortreich »argumentierend« verteidigt. Die Aufgabe, das eigene Reden zu begreifen, sofern es der kritischen Meinungs- und Wollensbildung dient, ist genau die Aufgabe, zu lernen, wie man »kritisch« argumentiert.

Das Wort »kritisch« ist z.Z. zum Schlagwort herabgesunken: man wird nicht dadurch kritisch, daß man Wörter wie »kritische Rationalität« oder »kritische Theorie« gebraucht. Was ernsthaft zu tun ist, ist, daß man zu unterscheiden lernt, was ein Argument ist für die Wahrheit einer Meinung, für die Gebotenheit eines Wollens – und was kein Argument ist. Das wissenschaftliche Argumentieren (bei dem es um die Wahrheit von Meinungen geht) und das vernünftige Argumentieren (bei dem es um die Gebotenheit eines Wollens geht) ist selbst Gegenstand einer Kunstlehre: es muß gelernt werden, wie man argumentieren *sollte,* es müssen Normen (Regeln) des vernünftigen Argumentierens erarbeitet werden. Der einfachste, wegen seiner Einfachheit pädagogisch aber am schwierigsten zu vermittelnde Fall ist der Fall der Normen der »formalen Logik« (häufig kurz »Logik« genannt). Im ersten Abschnitt wird dargestellt, welche Rolle die Logik bisher im Gesamtzusammenhang unseres Wissens (für den nach traditioneller Terminologie die »Philosophie« verantwortlich ist) gespielt hat. Dieser historische Rückblick ist nicht sehr ermutigend, aber keine historische Erfahrung kann beweisen, daß der Versuch, die Kunst des vernünftigen Argumentierens lehrbar zu machen, sinnlos ist.

In den folgenden Abschnitten werden im einzelnen eine vernünftige Verwendung der logischen Partikeln (z.B. wenn – dann, alle, einige), der Modalitäten (wahr – falsch, notwendig, unmöglich, kontingent, geboten, verboten, neutral) und einiger Grundbegriffe allen Argumentierens (z.B. Meinen und Wollen, subjektiv – objektiv, natürlich – kultürlich, dialektisch) zur Diskussion gestellt. Die Pointe des Verfahrens wird dabei immer darin bestehen, Normen des Diskutierens zur Diskussion zu stellen – also solche Normen, die man schon akzeptiert haben muß, um überhaupt »vernünftig« diskutieren zu können.

Die Rolle der Logik in der Philosophie

In der Schülerszene des *Faust* sagt Mephisto: »Mein teurer Freund, ich rat Euch drum / Zuerst Collegium Logicum. / Da wird der Geist Euch wohl dressiert, / In spanische Stiefeln eingeschnürt, / Daß er bedächtiger so fortan / Hinschleiche die Gedankenbahn / [...].«

Gewiß kann man dieser Karikatur nicht allzu viel über den Logikunterricht entnehmen. Aber es wird deutlich, daß es sich um eine Erziehung des Geistes – notfalls um eine Dressur – handelt, derart, daß der Geist nicht ungezügelt von Gedanke zu Gedanke springt, sondern geordnet vorgeht – ungünstigenfalls: dahinschleicht.

Goethe selbst hat zu Beginn seines Studiums – er war damals 15 Jahre alt – in Leipzig eine Logikvorlesung gehört, und zwar in der Manier der Wolffschen Aufklärungsphilosophie. Die Schülerszene des *Faust* steht schon im sogenannten *Urfaust*. Goethe war also etwa 25 Jahre, als er sie schrieb. Später, schon über 60jährig, schrieb er in *Dichtung und Wahrheit* über das von ihm gehörte Collegium Logicum folgendes: »In der Logik kam es mir wunderlich vor, daß ich diejenigen Geistesoperationen, die ich von Jugend auf mit der größten Bequemlichkeit verrichtete, so auseinanderzerren, vereinzeln und gleichsam zerstören sollte, um den rechten Gebrauch derselben einzusehen.«

Man sieht hier, daß im Falle der Logik Mephisto durchaus die Meinung Goethes wiedergibt. Die Auffassung Goethes von der Logik war allerdings nicht originell. Schon seit Beginn der Neuzeit hatte sich diese abwertende Auffassung durchgesetzt. Einerseits verspotteten die Humanisten die mittelalterlichen Logiker wegen ihres barbarischen Lateins, andererseits – und das war das Entscheidende – schob die entstehende neuzeitliche Wissenschaft alle Logik verächtlich beiseite.

Descartes z. B. schreibt in seinen *Regeln zur Anleitung der Vernunft:* »Wir lassen alle Vorschriften der Logiker außer acht, durch welche sie die menschliche Vernunft zu regieren glauben, indem sie gewisse Formen des Schlußfolgerns vorschreiben, die so notwendig schließen sollen, daß die Vernunft, ihnen vertrauend, obwohl sie sich gewissermaßen von der einleuchtenden und aufmerksamen Betrachtung befreit, doch dabei etwas Sicheres kraft der Form erschließen könne.« Wenn Descartes sich so energisch von der Logik absetzt, so können wir daraus entnehmen, daß zu seiner Zeit die Logik weithin noch in einem hohen Ansehen gestanden haben muß. In der Tat haben sich ja die Logikvorlesungen bis in die Goethezeit als obligatorisch für alle Studenten halten können. Erst mit der Humboldtschen Universitätsreform bricht diese Tradition ab. Die Artistenfakultät, die bis dahin vorbereitende Fakultät für die oberen Fakultäten: Theologie, Jurisprudenz und Medizin, war, wird jetzt als philosophische Fakultät nebengeordnet. Der Logikunterricht wird zunächst von den Gymnasien übernommen, dort verschwindet er aber ziemlich bald in der Masse der neuen Schulfächer.

Dieses allmähliche Versanden des logischen Traditionsstroms wird vermutlich nicht besonders bemerkenswert erscheinen. Wir sind es gewohnt, die Neuzeit als eine Zeit zu sehen, in der sich viele Traditionen – langsamer oder schneller – verlieren. Auch wenn ich hinzufüge, daß die Logik kein mittelalterliches Phänomen war, sondern schon ein wesentlicher Bestandteil der antiken Philosophie, wird das vermutlich niemanden erschüttern. Auch die logischen Sorgen von Platon und Aristoteles sind eben nicht mehr die unseren, genausowenig wie etwa die von Abälard im 12. oder die von Ockham im 14. Jahrhundert.

Die Auffassung der Logik als eines traditionellen Phänomens, das heutzutage nur noch historisches Interesse beanspruchen könnte, ist aber grundfalsch.

Vor etwa 100 Jahren zeigte sich nämlich plötzlich wieder ein starkes Interesse für Logik – und zwar ganz unabhängig von der Tradition, derart, daß man zuerst glaubte, es handle sich überhaupt um etwas Neues.

Um 1900 wollte man sogar einen neuen Namen, nämlich »Logistik«, für diese scheinbar neue Wissenschaft des 20. Jahrhunderts einführen. Erst in den letzten Jahrzehnten ist es immer deutlicher geworden, daß es aber dieselben logischen Probleme sind, die im 4. Jahrhundert v. Chr. in Athen, im 14. Jahrhundert in Oxford und Paris und im 20. Jahrhundert z. B. in Princeton die Gelehrten beunruhigen.

Die antike und mittelalterliche Logik mag nur für den Historiker von Interesse sein, aber daß sich vor unseren Augen die Logik noch einmal wie der Phoenix aus der Asche zum Fluge erhebt, ist ein Schauspiel, das jeden herausfordert, nach einer Möglichkeit zu suchen, es zu verstehen. Die folgenden Betrachtungen sind diesem historischen Problem gewidmet.

Der Gegenstand der Logik

Nun ist es leider nicht möglich, etwas aus der Geschichte einer Wissenschaft zu verstehen, ohne wenigstens zu wissen, wovon diese Wissenschaft handelt – ich kann daher nicht vermeiden, zunächst die sachliche Frage zu erörtern, was denn der Gegenstand der Logik sei.

Nach der Goetheschen Formulierung handelt es sich um diejenigen Geistesoperationen, die wir von Jugend auf mit der größten Bequemlichkeit verrichten. Welche Antwort würde man wohl bekommen, wenn man jemand fragte – ohne den Zusammenhang zu verraten –, welche Geistesoperation er von Jugend auf mit der größten Bequemlichkeit verrichte? Nun, ich denke, man würde sehr häufig die Antwort bekommen: »Ja, wissen Sie, ich bin leider nie ein guter Rechner gewesen.« Nehmen wir also lieber den Fall eines guten Rechners! Er vollzieht Addition und Multiplikation in der Tat von Jugend auf mit der größten Bequemlichkeit.

Die Wissenschaft vom Rechnen heißt bekanntlich Arithmetik. Hier handelt es sich um Geistesoperationen mit den Zahlen. Man lernt das System der Zahlen und die Operationen mit ihnen in der Schule. Niemand nimmt hier einen vergleichbaren Anstoß wie Goethe am Logikunterricht; niemand verwundert sich, daß man diese Operationen im Unterricht einzeln und ausführlich analysiert, um den rechten Gebrauch derselben einzusehen.

In der Logik handelt es sich um Operationen, die statt mit Zahlen mit Gedanken, konkret gefaßt, mit sprachlichen Aussagen vorgenommen werden. Auf der Schule lernen wir dies Operieren nicht. Unsere Kinder können ja schon sprechen, wenn sie in die Schule kommen. Schon fünfjährige Kinder schließen mit der größten Bequemlichkeit. Liest man etwa einem Kinde aus der Speisekarte in einem Restaurant vor, es könne Eis oder Schokolade bekommen, und fügt der Kellner dann hinzu, Eis könne es heute leider nicht bekommen, so schließt das Kind bestimmt sofort, also könne es Schokolade bekommen. Aus A oder B (hier: Eis oder Schokolade) und nicht A (kein Eis) folgt logisch B (Schokolade). Die geistige Operation besteht darin, von den zwei Aussagen »A oder B« und »nicht A« überzugehen zu der Aussage »B«. Und der Schluß ist ein logischer, weil er kraft der Form gilt.

Wie dieses Beispiel zeigt, ist das Charakteristische des logischen Schließens, daß die Aussagen, mit denen operiert wird, durch Buchstaben ersetzt werden können, weil es auf den Inhalt nicht ankommt. Vergleichen wir das Schließen mit dem Rechnen, so entspricht das logische Schließen also nicht dem Zahlenrechnen, sondern dem Buchstabenrechnen.

Wenn man z. B. rechnet:

$$(m + n)^2 = m^2 + 2\,mn + n^2,$$

dann ist das ein Operieren mit Formeln, nicht mit Zahlen wie etwa bei 7 × 8 = 56. Mit Buchstaben und Formeln zu rechnen lernt man heutzutage in der Untertertia. Warum aber lernt man dann in der Obertertia nicht auch mit Buchstaben zu schließen, also logisch kraft der Form zu schließen?

Ich sehe hierfür keinen anderen Grund als diesen: Die Logik ist für uns noch zu neu. Sie ist daher noch nicht genügend ins allgemeine Bewußtsein gedrungen.

Fragt man nach den wichtigsten Operationen, die mit den Zahlen vorgenommen werden, so kann jedes Schulkind antworten: Addition und Multiplikation. Als Zeichen werden üblicherweise die bekannten Zeichen + und × verwendet, so daß beim Operieren mit Buchstaben Formeln wie m + n oder m × n entstehen. Für die Arithmetik ist es selbstverständlich, daß es nicht auf die Zeichen selbst ankommt, sondern nur auf die bezeichneten Operationen. Ob man m + n in Zeichen schreibt oder »m und n« in Worten, ist gleichgültig, wenn nur in beiden Fällen nach denselben Regeln gerechnet wird. In der Logik ist es nun genauso. Ob man die Aussagen mit den logischen Partikeln der deutschen Sprache zusammensetzt, z.B. »A oder B und nicht A«, oder ob man internationale, genauer: interlinguale, Zeichen dafür benutzt – welche, ist gleichgültig, ich will sie hier lateinisch benennen –, so daß wir erhalten »A vel B et non A«, das ist für die Logik unerheblich. Es kommt nur auf die Regeln an, nach denen geschlossen wird.

Diese Regeln müßte man natürlich gelernt haben. Für die Arithmetik stehen sie in unseren Schulbüchern, für die Logik lernen wir sie aber – so ist es eben gegenwärtig – nur gefühlsmäßig, auf dieselbe Weise etwa, wie wir grammatische Regeln lernen.

Obwohl ich meine Fachkollegen bisher nicht davon habe überzeugen können, daß die logischen Operationen, so wie die arithmetischen, interlingual, d.h. unabhängig von der Sprache, die man spricht, zu definieren sind – so möchte ich dies doch im folgenden unterstellen. Wir können dann das logische Schließen als ein Schließen mit den bloßen Formen von Aussagen bestim-

men. Diese entstehen dadurch, daß – statt der Aussagen – Buchstaben mit den Zeichen für die logischen Operationen zusammengesetzt werden.
Daß bloß mit Formeln geschlossen wird, ist übrigens der Grund dafür, daß die Lehre vom logischen Schließen genauer »formale Logik« genannt wird. Im Gesamtgebiet der Logik bildet die formale Logik nur einen speziellen und elementaren Teil – aber auf diesen können wir uns vorläufig beschränken.

Die Logik in Antike und Mittelalter

Wir können jetzt unsere historische Frage wieder aufnehmen. Wie ist es zu verstehen, daß die formale Logik seit Beginn der Neuzeit in Vergessenheit geraten konnte und erst in unserem Jahrhundert wieder mit größtem Interesse studiert wird?
Von der antiken und mittelalterlichen Philosophie brauche ich dazu nur weniges zu schildern, um eine Ausgangsposition zu gewinnen.
Die Logik ist eine Errungenschaft der griechischen Philosophie. Zur Zeit des Sokrates gab es schon die Anfänge der griechischen Wissenschaft, und die Sophisten lehrten die Kunst der Streitgespräche. Mit Sokrates und seinem Meisterschüler Platon beginnt die Reflexion auf das, was wir denn da eigentlich tun, wenn wir in der Wissenschaft oder im Streitgespräch von gewissen Aussagen zu weiteren Aussagen übergehen. Als Mitglied der platonischen Akademie schrieb Aristoteles dann die ersten Lehrbücher der Logik. Er führte insbesondere das Schließen mit Buchstaben ein.
Im Hellenismus wurde die formale Logik von der Stoa weiterentwickelt. Erst als im späteren Hellenismus nicht mehr das kritische Prüfen, sondern das Glauben eine Tugend wurde, ging es mit der Logik bergab. Sie verschmolz immer mehr mit dem damaligen rhetorischen Unterricht.
Um so erstaunlicher ist das Phänomen der Scholastik, die gerade um des Glaubens willen die Logik extrem hochgezüchtet hat.

Man wollte das, was man glaubte, auch verstehen: quod credimus, intelligere.
Als Instrument des Verstehens hatte man aber nichts anderes als die antike Logik, zunächst sogar nur das wenige, was aus der spätrömischen rhetorischen Schultradition gerettet war. Das ganze Mittelalter hindurch wurde z. B. immer wieder ein dürftiges Compendium der Logik von Martianus Capella aus dem 5. Jahrhundert kommentiert. Dieser hatte vermutlich aus Apuleius abgeschrieben, und das Buch von Apuleius war wohl eine Übersetzung eines griechischen Schulbuches aus dem 2. Jahrhundert. Aus dieser Quelle stammt die lateinische Terminologie der Scholastik – unsere Terminologie ist übrigens eine Übersetzung von dieser.
Erst im 12. Jahrhundert lernte die Scholastik die griechischen Originale, größtenteils auf dem Umweg über das Arabische, kennen. Das hatte einen enormen Aufschwung der Logik zur Folge. In der Spätscholastik kam hinzu, daß sich die Logik von der Theologie unabhängig machte: sie wurde autonom. Um 1350 sagte z. B. Ben Gerson über die Logik: »Diese Kunst ist die Grundlage aller Wissenschaften, und daher braucht der Professor dieser Wissenschaft keine Kenntnis anderer Wissenschaften zu haben.«
Für einen Logiker muß das eine herrliche Zeit gewesen sein. Die Formulierungen, mit denen ich vorhin den Gegenstand der formalen Logik bestimmt habe, kommen fast wörtlich so in der Spätscholastik vor. Die Schlüsse, die kraft der Form gelten, nannte man consequentiae bonae de forma – sie wurden von den Scholastikern erstmalig so definiert wie heute. Bei Paulus Venetus im 15. Jahrhundert heißt es z. B.: »Ein Schluß heißt kraft der Form gültig, wenn jeder ihm in der Form gleiche Schluß gültig ist.«
Alle logischen Operationen, die wir heute kennen, waren auch damals bekannt. Trotz dieser Höhe der scholastischen Logik wird sie mit dem Beginn der Neuzeit völlig verdrängt. Und zwar erstaunlicherweise dieses Mal nicht im Namen eines übervernünftigen Glaubens, sondern im Namen einer neuen Wissen-

schaft. Die damals schon beinahe 2000 Jahre alte Tradition, nach der das gesamte Wissen in Logik, Physik und Ethik einzuteilen ist, wird verworfen. Im Verlauf der Neuzeit bleibt allein die Physik im Sinne dieser Einteilung übrig. Aus ihr entstehen die neuzeitliche Mathematik und die neuzeitlichen Natur- und Geisteswissenschaften.
Daß der Niedergang der Theologie die Ethik mit sich zog, war zwar nicht notwendig, ist jedoch verständlich. Aber wie konnte im Namen der Wissenschaft die Logik in Vergessenheit geraten? Es ist doch selbstverständlich, daß z. B. Galilei und Newton die neue Physik nicht hätten schaffen können, wenn sie unlogische Köpfe gewesen wären. Um historisch zu verstehen, daß trotzdem die Logik aus dem Bewußtsein verdrängt wurde, muß ich nun noch auf die allgemeine Logik, d. h. auf ihren nicht-elementaren, nicht-formalen Teil, zu sprechen kommen.

Axiomatische Theorien

Von den aristotelischen Logikbüchern, den Analytiken, gibt es nämlich zwei Teile. Die ersten Analytiken behandeln das formallogische Schließen, also den Übergang von Aussagen zu Aussagen, unabhängig vom Inhalt, insbesondere auch unabhängig von der Wahrheit. Die zweiten Analytiken behandeln aber den Übergang von Sätzen zu Sätzen innerhalb der Wissenschaft. Eine Aussage ist nur dann ein Satz einer Wissenschaft, wenn sie begründet werden kann – und diese Begründung geschieht im Normalfalle mit Hilfe anderer Sätze, die schon begründet sind. Während die elementare Aufgabe der Logik darin besteht, aus beliebig vorgegebenen Aussagen die Konsequenzen kraft der Form zu ziehen, handelt es sich jetzt darum, welche Möglichkeiten bestehen, einen vermuteten Satz wissenschaftlich zu begründen. Die Fragerichtung ist jetzt umgekehrt. Mit bloß formalem Operieren ist hier nichts mehr auszurichten. Die allgemeine Logik ist eine Begründungslehre der Wissenschaften. In diesem Teil der Logik steht also vor allem der Begriff der

Wissenschaft selber zur Diskussion. Eine Wissenschaft wird bestimmt als ein System von Sätzen, die in einem Begründungszusammenhang stehen. Das System muß wohlgeordnet sein in dem Sinne, daß man bei der Begründung eines Satzes durch andere Sätze und dann bei der Begründung dieser Sätze usw. niemals in einen unendlichen Regreß, speziell in einen Zirkel gerät.

Diese Wohlgeordnetheit ist auch vom Gesamtsystem aller Einzelwissenschaften zu fordern. Begründet man z. B. Sätze einer Wissenschaft mit Sätzen aus einer anderen Wissenschaft, so darf sich diese zweite Wissenschaft nirgendwo auf die erste gründen.

Ich will hier nicht auf die tückische Frage eingehen, wie diese Forderung der Wohlgeordnetheit zu begründen ist. Die Forderung selbst ist ja schon schwer genug zu erfüllen. Insbesondere zieht sie nach sich, daß es gewisse erste Sätze gibt, die ihrerseits nicht durch Sätze begründet werden.

Leider ist wenig damit getan, solchen ersten Sätzen einen Namen zu geben. Man nennt sie Axiome. Aber wie sind Axiome überhaupt möglich?

Nach Aristoteles ist der Mensch vernünftig, und mit seiner Vernunft kann er gewisse Axiome, z. B. die der euklidischen Geometrie, unmittelbar einsehen.

Modernen Ohren klingt dieser Vernunftglaube wie ein Wunschtraum. Aber setzen wir einmal den Fall, es gäbe solche Axiome! Dann ist der einfachste Typ einer Wissenschaft ein System von Sätzen, das aus gewissen solchen Axiomen besteht und dazu aus allen formallogischen Konsequenzen der Axiome. Eine Wissenschaft dieses Typs nennt man eine axiomatische Theorie. Außer den Axiomen werden in ihr alle Sätze allein durch logische Deduktion begründet.

Dieser Wissenschaftstyp ist also auf das engste mit der formalen Logik verbunden. Sowohl in der Antike als auch im Mittelalter war er der Idealtyp, den alle Wissenschaften erstrebten.

Analytische Theorien

Damit haben wir jetzt die Stelle erreicht, von der aus die neuzeitliche Verdrängung der Logik verständlich wird: es wurde nämlich dieser Idealtyp der axiomatischen Theorie durch einen anderen Typ, den Typ der sogenannten analytischen Theorie, ersetzt. Musterbeispiele waren die analytische Geometrie und die analytische Mechanik, wie sie im 17. und 18. Jahrhundert entstanden. Der Name »analytische« Theorie ist etwas zufällig. Man hat die damals entstehende höhere Mathematik kurz »Analysis« genannt, und daher stammt dieser Name.

Auch die Theorien der modernen Physik – wie sehr diese auch Wert darauf legt, sich von der sogenannten klassischen, d. h. hier neuzeitlichen, Physik zu unterscheiden – gehören noch zu diesem Typ der analytischen Theorien.

Ich möchte diesen Typ am Beispiel der Elektrodynamik erläutern. Die analytische Theorie der Elektrodynamik beginnt nicht mit Axiomen wie die euklidische Geometrie, d. h. mit gewissen, der Vernunft – wie auch immer – zugänglichen Sätzen, sondern mit gewissen mathematischen Gleichungen, mit sogenannten Differentialgleichungen. Diese Gleichungen wurden – übrigens gerade vor 100 Jahren – von Maxwell erfunden. Sie wurden später von Hertz in die heutige Gestalt gebracht; v. Laue nennt sie »jene geradezu ästhetisch schöne Gestalt [...], die uns in Anbetracht ihres umfassenden physikalischen Gehaltes fast wie eine Offenbarung anmutet«. Durch analytische Operationen allein von diesen Gleichungen aus erhielt Maxwell z. B. das Resultat, daß es elektromagnetische Wellen geben muß, und Hertz fand sie später wirklich: so wurde erst die Radiotechnik möglich.

Wie dagegen die Siemenssche Erfindung der Dynamomaschine zeigt, muß die Technik nicht in allen Fällen auf eine theoretische Vorausberechnung warten. Aber eine gute analytische Theorie ermöglicht grundsätzlich, alle Erscheinungen durch bloßes Rechnen auf dem Papier vorauszusagen.

Natürlich muß man dazu die mathematische Analysis beherrschen, d. h., man muß nicht nur addieren und multiplizieren,

sondern vor allem auch differenzieren und integrieren können. Mit den formal-logischen Operationen dagegen schien dies alles gar nichts zu tun zu haben. Die scholastische Logik erschien daher der neuzeitlichen Wissenschaft als ein Instrument, das bloß geeignet sei, unfruchtbar mit Worten zu streiten.
Nur die mathematischen Operationen, insbesondere die analytischen, erschienen als Operationen einer der Natur angepaßten übermenschlichen Sprache. Das System der Grundgleichungen muß von einem Genius in glücklicher Stunde gefunden sein. Kein Weg der Vernunft führt dahin. Es ist daher nicht zu verwundern, daß der Physiker es – zumindest sonntags – etwa so betrachtet wie Faust die Zeichen »von Nostradamus' eigner Hand«:

> »War es ein Gott, der diese Zeichen schrieb,
> [...]?
> Bin ich ein Gott? Mir wird so licht!
> Ich schau in diesen reinen Zügen
> Die wirkende Natur vor meiner Seele liegen.«

Vergegenwärtigen wir uns so das Wesen der analytischen Theorien, dann wird das neuzeitliche Schicksal der Logik verständlich. Daß der Typ analytischer Theorien, die mit reiner Mathematik allein alle Begründungszusammenhänge lieferten, den Typ der axiomatischen Theorien ablöste, das ist der Grund dafür, daß die Neuzeit die formale Logik verdrängte: sie brauchte sie nicht.
Das ist also auch der Grund dafür, daß die Tradition des Logikunterrichts abgerissen ist – und daß wir heutzutage ganz neu anfangen müssen.

Die moderne Grundlagenforschung

Aber was hat sich denn nun – grob gerechnet, seit 1900 – geändert? Warum ist jetzt die Logik wieder akut, obwohl doch die Physik noch immer aus analytischen Theorien besteht?

Der Grund für diese Änderung liegt in der mathematischen Grundlagenforschung des 19. und 20. Jahrhunderts. Nach der Auffassung des 17. und 18. Jahrhunderts war die Mathematik von der Logik unabhängig. Sie operierte nach ihren eigenen Regeln und so erfolgreich, daß es überflüssig erschien, genauer darüber nachzudenken, worauf sich die mathematischen Operationsregeln eigentlich gründeten.

Erst im 19. Jahrhundert begann man allmählich ernsthaft darüber nachzudenken, was das mathematische Schließen eigentlich ist. Es entstand die reine Mathematik, losgelöst von allen physikalischen Anwendungen – und man begann auf die Grundlagen der Mathematik, vor allem der Analysis, zu reflektieren. Die charakteristischen Grundlagenprobleme der Analysis kann ich hier nicht erörtern. Es läßt sich aber schon an ganz einfachen Beispielen der Arithmetik deutlich machen, daß die Reflexion auf die Regeln des mathematischen Operierens zwangsläufig auf eine Wiedererweckung der Logik führen mußte. Jeder lernt auf der Schule, daß $m \times n = n \times m$ ist, d. h. daß die Reihenfolge bei der Multiplikation vertauscht werden darf. Man lernt dies als eine Rechenregel schon auf der Grundschule. Worauf die Gültigkeit dieser Regel beruht, lernt man aber im Normalfall auch auf der Universität nicht. Auch das ist wohl noch zu neu. Erst der Grundlagenforschung des vorigen Jahrhunderts fiel nämlich auf, daß die Gleichung $m \times n = n \times m$ ein allgemeiner Satz ist, der bewiesen werden muß, und zwar bewiesen auf Grund der Definition der Multiplikation. Auch die Definition von $m \times n$ besteht aus Sätzen. Man setzt, daß $1 \times n = n$ sein soll, und angenommen, $m \times n$ sei schon berechnet, so soll $(m + 1) \times n$ um $1 \times n$ größer sein als $m \times n$.

Nun handelt es sich darum, von diesen Sätzen zu dem gewünschten Satz $m \times n = n \times m$ zu gelangen. Was man dazu braucht, ist gerade die formale Logik. Man muß nämlich z.B. das sogenannte Induktionsprinzip formulieren, das folgendermaßen lautet: Wenn eine Aussage A für 1 gilt, und wenn A für n + 1 gilt, wenn A für n gilt, dann gilt A für alle m.

Hier tritt die logische Partikel »wenn« schon in deutlicher Häufung auf, außerdem Buchstaben für beliebige Aussagen. Die Mathematiker mußten daher schon für die Grundlegung der Arithmetik erst einmal ganz schnell die frühere formale Logik wiederentdecken. Sie mußten diese außerdem so erweitern, daß sie tatsächlich imstande waren, alle gewünschten Deduktionen zu leisten. So scharfsinnig die scholastische Logik auch gewesen ist, das konnte sie nicht leisten – außerdem war sie ja den Mathematikern des 19. Jahrhunderts gänzlich unbekannt. Das Verdienst, diesen modernen Ausbau der Logik geleistet zu haben, kommt hauptsächlich Frege zu. Er gab 1879 in seiner *Begriffsschrift* ein vollständiges System logischer Regeln an – er wird daher mit Recht der zweite Aristoteles genannt.

Mit einer voll leistungsfähigen formalen Logik lag es dann nahe, die gesamte Mathematik axiomatisch, d.h. nach dem Prototyp der euklidischen Geometrie, aufzubauen. Es fehlten dazu leider nur die geeigneten Axiome. Eine von Frege selbst versuchte Axiomatisierung führte, wie Russell nachwies, zu Widersprüchen, d.h., die Mindestforderung an ein Axiomensystem, daß die Axiome einander nicht logisch widersprechen, war nicht erfüllt.

Inzwischen hat man widerspruchsfreie Axiomensysteme gefunden – seit Gentzen (1936) kann man sogar beweisen, daß sie widerspruchsfrei sind –, aber kurz vorher hatte außerdem Gödel in einer berühmten Arbeit von nur 25 Seiten Länge bewiesen, daß kein widerspruchsfreies Axiomensystem alle arithmetischen Sätze als logische Folgerungen liefern kann. Man hat aus diesen Ergebnissen oft geschlossen, daß die Mathematik in eine Grundlagenkrise geraten sei. Angemessener ist es aber, diese Ergebnisse als das zu nehmen, was sie wirklich sind, nämlich als den Beweis dafür, daß Arithmetik und Analysis nicht zu dem Typ der axiomatischen Wissenschaften gehören. Dieses Resultat sagt nichts gegen die Arithmetik und Analysis – diese entwickeln sich ja auch völlig ungestört weiter. Und gerade die Ergebnisse von Gentzen und Gödel zeigen, daß die Mathematik Möglichkeiten gefunden hat, Beweise zu führen, von denen man im vorigen Jahrhundert noch nicht einmal träumen konnte. Das

neu eroberte Gebiet der Mathematik ist von Hilbert Metamathematik genannt worden. Die Auswirkungen dieser Metamathematik auf die bisherige Mathematik sind z. Z. noch nicht abzuschätzen, aber schon jetzt kann man voraussagen, daß die formale Logik in Kürze ein Pflichtfach für alle Mathematiker sein wird.
Wie wird sich diese Entwicklung jedoch auf die gesamte Logik auswirken?

Mathematik und Philosophie

Dieselbe Mathematik, die die Logik zu Beginn der Neuzeit verdrängt hat, hat jetzt – nachdem die Mathematiker bemerkt haben, daß sie bei ihren Beweisen dauernd formal-logisch schließen – zu einer neuen Blüte der formalen Logik geführt. Man wird hierin nach Hegel einen glänzenden Beweis für die List der Vernunft sehen dürfen. Die durch diese List entstandene Situation ist die folgende: Die Logik als philosophische Disziplin ist im wesentlichen Begründungslehre der Wissenschaften. Die formale Logik ist ein spezieller, wenn auch unentbehrlicher Teil von ihr. Ohne ihr Zutun bekommt nun die Logik diesen ihren speziellen Teil von den Mathematikern in einer nahezu vollkommenen Gestalt frei Haus geliefert. Was wird sie mit diesem Geschenk machen? Viele Philosophen verhalten sich gegenüber dem mathematischen Geschenk sehr reserviert. Es stört sie vor allem die Verpackung in so ungewohnten Symbolen. Da dies aber keine theoretische Schwierigkeit ist, wird hier gutes Zureden schon nützen.
Voraussetzung für die Annahme des Geschenkes sollte allerdings sein, daß von der Logik nicht verlangt wird, sie solle nun etwa auch die Metamathematik mit übernehmen und als Logik anerkennen. Manche Mathematiker sind heute Möchte-gern-Philosophen geworden und bieten der Logik nicht nur die moderne formale Logik an, sondern gleich z. B. noch eine Ontologie, eine Sprachphilosophie oder gar eine Vernunftkri-

tik, so als ob das auch alles mathematisch bewiesen sei. Hier möchte ich dringend empfehlen, die formale Logik dankbar von den Mathematikern anzunehmen, alles andere aber ebenso höflich wie bestimmt abzulehnen. Die Mathematiker sind ausschließlich für Formeln zuständig. Jeden Satz, in dem irgendein Wort der philosophischen Tradition vorkommt – und erschiene es noch so harmlos –, muß dagegen die Philosophie in ihre eigene Verantwortung übernehmen. Und hier eröffnet sich nun in der Tat ein weites Feld. Die Philosophie ist – wie wir jetzt, auf 2500 Jahre rückblickend, feststellen können – gegenwärtig erstmals im sicheren Besitz eines funktionierenden Werkzeugs für ihre Arbeit. Trotz der Unsumme von Scharfsinn und Tiefsinn, der im Verlauf der Geschichte schon für die Philosophie aufgewendet worden ist, hat sie bisher immer noch nicht – wie Kant sagte – den sicheren Gang einer Wissenschaft eingeschlagen. Und zwar ist sie meines Erachtens bisher immer an logischen Schwierigkeiten gescheitert. Das logische Problem, wie wissenschaftliche Sätze zu begründen sind, zeigt seine Tücke ja gerade darin, daß jeder Versuch einer Lösung in wissenschaftlich zu begründenden Sätzen scheitern muß, logisch-notwendigerweise scheitern muß.

Wenn ich meine These, daß die Logik interlingual ist, noch einmal unterstellen darf, so haben wir aber in der Möglichkeit einer Begründung der formal-logischen Regeln, ohne solche schon zu benutzen, einen Ausweg aus dem Zirkel.

Die Logik enthält auf diese Weise einen neuen Ansatz für die Probleme der tradierten Philosophie, soweit sie in begründeten Sätzen zu lösen sind.

Prädikatoren, Eigennamen, Elementaraussagen

Wie einleitend gesagt wurde, ist der historische Rückblick auf die Rolle der Logik im Gesamtzusammenhang unserer theoretischen und praktischen Wissenschaften »nicht sehr ermutigend«.

Der an den Leser gerichteten Bitte, vorübergehend so zu tun, *als ob* er noch nicht gelernt hätte, wie man sich eine Meinung, ein Wollen bildet, wird daher jetzt vielleicht verstärkt der Zweifel entgegenstehen, ob ein solcher Versuch, das eigene Reden noch einmal kritisch von Anfang an zu überprüfen, nicht notwendig scheitern wird. Es ist seit Sokrates doch schon zu oft der Versuch unternommen worden, neue, »sichere« Fundamente des Wissens zu legen – es ist zwar eine imponierende Technik dabei entstanden, auf die einfachsten Fragen der Art, wozu denn nun dieses oder jenes letztlich gut sei, erhält man aber keine Antwort, sondern nur uferlose Deklamationen über die »Wichtigkeit«, über die »historische Bedeutsamkeit« etc. etc.

Wo ist ein Anfang zu machen?

Der Beschluß, *alles* Argumentieren noch einmal von Anfang an zu überprüfen, führt auf die Frage, wo ein Anfang zu machen sei. Als Antwort wird vorgeschlagen, bei den einfachsten Sätzen anzufangen. Dies ist eine Stelle, an der sich jeder Leser selber davon überzeugen möge, daß es sinnlos ist, mit komplizierten Sätzen dagegen zu argumentieren, daß wir uns *erst* über einfachere Sätze kritisch verständigen wollen. Es mag sich zwar später herausstellen, daß an gewissen einfachen Sätzen gar nichts zu kritisieren war – nun gut, es kann aber nichts schaden, dies dann jedenfalls zu wissen, statt es bloß zu vermuten.
Auch die Frage, wie »einfachste« Sätze aussehen, ist nur scheinbar schwierig. Man braucht sich z. B. nur die Situation vorzustellen, in der man jemanden, der eine Sprache nicht kennt (das braucht kein Kind zu sein, sondern z. B. ein Ausländer, der keine der natürlichen Sprachen versteht, die man selbst beherrscht), diese Sprache lehren will. Es ist hier sicher einfacher, mit Einwort-Sätzen anzufangen als mit Mehrwort-Sätzen. Deutsche Einwort-Sätze, wie sie in der Lebenspraxis gebraucht werden, sind z. B. »Komm!«, »Brot?«, »Klein«. Wir beschränken uns auf solche Sätze, die die Grammatiker Imperativsätze

und Indikativsätze nennen. Denn diese Sätze sind es, über die argumentiert wird, um herauszubekommen, ob sie im Fall der Indikativsätze »wahr« sind, bzw. im Fall der Imperativsätze, ob wir ihnen folgen »sollen«. (Die Fragesätze fordern nur zu solchen Antworten auf.)

Prädikatoren

Eine Einübung der einfachsten Indikativsätze geschieht so, daß der Gebrauch des Wortes, z.B. »klein«, an geeigneten Gegenständen vorgemacht wird – es wird verwendet, indem etwa zugleich auf einen kleinen Gegenstand gezeigt wird. Im Deutschen ist es üblich, die Zeigegeste dadurch zu unterstützen, daß man nicht nur das Wort »klein« ausspricht, sondern den grammatisch korrekten Satz »Dies ist klein« ausspricht. Die Grammatiker nennen den Satzteil »ist klein« dieses Satzes das Prädikat. Neben dem Bindewort (der sogenannten Kopula) »ist« enthält das Prädikat das Wort »klein«, mit dem man prädiziert. Die Einübung solcher Wörter wie »klein« hat an Beispielen zu geschehen, man hat zu lernen, das Wort einigen Gegenständen *zuzusprechen,* anderen Gegenständen aber *abzusprechen* (diese Gegenstände liefern »Gegenbeispiele«). Ob das Zu- und Absprechen durch eigene Wörter, z.B. »ja« und »nein«, explizit gemacht wird oder ob dafür nur geeignete Gebärden benutzt werden (Kopfnicken und Kopfschütteln), ist irrelevant. Es kommt nur darauf an, daß diese Wörter – ich werde sie im folgenden »Prädikatoren« nennen – zum Zu- und Absprechen gegenüber beliebigen Gegenständen gebraucht werden. Bei immer neuen Gegenständen wenden wir immer wieder dieselbe Unterscheidung mit den bis dahin erlernten Prädikatoren an.

Eigennamen

Benutzen wir vollständige Sätze wie »Dies ist klein«, »Dies ist nicht klein«, so ist jedesmal das Wort »dies« von einer Zeige-

geste auf einen jeweils anderen Gegenstand begleitet. Insbesondere in dem Fall, daß die Gegenstände Personen sind, ist es *üblich,* besondere Wörter zu benutzen, die die Zeigegeste ersetzen, nämlich Eigennamen. Die Sätze heißen dann etwa »Tilman ist klein«, »Peter ist nicht klein«. Die Eigennamen, die hier auftreten, sind keine Prädikatoren – wir haben vielmehr jetzt neben der Wortklasse der Prädikatoren für die Verwendung einer weiteren Wortklasse, der Wortklasse der Eigennamen, zu plädieren.
Bisher habe ich nur an das Faktum erinnert, daß es – im Deutschen – *üblich* ist, Eigennamen zu gebrauchen. Der Leser wird aber gebeten, sich darüber klarzuwerden, ob er nach kritischer Prüfung diesen Usus akzeptieren will – wer es ablehnt, verurteilt sich dazu, in Zukunft keine Eigennamen mehr zu gebrauchen. Niemand wird daran sterben – mir ist allerdings nichts bekannt, was gegen die Erweiterung unseres Redens um Eigennamen spräche. Ich schlage daher dem Leser – nach bester Kenntnis und Einsicht – vor, den Gebrauch von Prädikatoren und Eigennamen zu akzeptieren. Der Gebrauch von Eigennamen ist dabei selbstverständlich nicht auf Eigennamen für Personen beschränkt, auch andere Gegenstände können mit Eigennamen benannt werden – üblich sind z. B. Eigennamen für Städte, Flüsse, Schiffe u. ä.

Elementaraussagen

Als einfachste Sätze, die ohne Zeigegeste verständlich sind, haben wir damit Sätze der Form

E ist p

und

E ist nicht p.

Hier steht »E« für einen beliebigen Eigennamen, »p« für einen beliebigen Prädikator. Statt der Kopula »ist« bzw. »ist nicht«

schreiben wir zur Abkürzung ε bzw. ε'. Unsere Sätze haben dann also die Form

E ε p (affirmativ)

und

E ε' p (negativ).

Wir haben damit gewisse einfachste Sätze, wie wir sie aus der natürlichen Sprache schon lange kennen, kritisch überprüft. Wir haben sie in eine normierte Form gebracht – und haben sie in ihrer Entstehung begriffen. Etwas kompliziertere Sätze lassen sich ebenfalls leicht auf diese Weise kritisch rekonstruieren. Wenn z.B. Peter und Tilman miteinander spielen, so können wir für dieses Miteinanderspielen, etwa im Gegensatz zum Sichzanken, einen Prädikator q einführen. Dieser Prädikator ist aber dann nicht *einem* der Kinder zuzusprechen, sondern beiden. Als normierte Form des affirmativen Satzes wird dafür vorgeschlagen:

E_1, E_2 ε q
(q heißt ein zweistelliger Prädikator.)

Wer auch nur ein bißchen mathematisch zu denken gelernt hat, wird sofort begreifen, daß als *allgemeine* Form der bisher eingeführten Sätze die folgende angegeben werden kann:

$E_1, E_2, \ldots, E_n$ ε p (affirmativ)
$E_1, E_2, \ldots, E_n$ ε' p (negativ)

Die Sätze dieser Form seien »atomare Elementarsätze« genannt. Sie enthalten nur *einen* Prädikator (so wie Atome nur *einen* Kern haben).
Diese atomaren Sätze genügen – wie man seit Frege und Russell weiß – als Basissätze der Mathematik und Physik. Als »logischer Atomismus« gilt daher in der analytischen Philosophie das Dogma, *alle* wissenschaftlichen Sätze als *logische* Zusammensetzungen aus atomaren Sätzen zu rekonstruieren.
Für eine Wissenschaftstheorie, die aber auch für Geschichte und Kulturwissenschaften eine Wissenschaftssprache konstruieren

(rekonstruieren) will, ist die Beschränkung auf atomare Elementarsätze willkürlich: Sätze mit mehreren Prädikatoren brauchen nicht stets als *logisch* zusammengesetzt rekonstruiert zu werden.
Wir stehen dann vor der Aufgabe einer rationalen Syntax für Elementarsätze (die nur negativ dadurch definiert sind, daß sie nicht *logisch* zusammengesetzt sind).
Die atomaren Formen, z.B. mit einem Nominator (Eigennamen), sind schon dadurch zu differenzieren, daß Tatsätze wie

»Peter läuft«

und die – allgemeinen – Geschehnissätze wie

»Der Stein rollt«

von den Seinssätzen (Peter ist groß) auch syntaktisch durch Verwendung anderer Kopula

E π p (E tut P)
E $\varkappa$ p (E ist am P)

unterschieden werden.
Insbesondere für Tatsätze lassen sich dann rational einige der traditionellen Kasus rekonstruieren, z.B. das direkte Objekt

»Peter holt Wasser«

und etwa der Instrumentalis

»Peter holt Wasser mit Eimer«.

Die Begründung solcher syntaktischer Mittel muß aus dem Zweck des Redens in den verschiedenen Lebenssituationen geschehen. Der Aufbau einer Wissenschaftssprache ist schon syntaktisch – und nicht nur im Lexikon – ein offener Prozeß. Man kann mit Hegel nur an jeder Stelle sagen: »So weit ist das Bewußtsein gekommen.«
Eine ausgearbeitete rationale Syntax der Elementarsätze findet sich in *Konstruktive Logik, Ethik und Wissenschaftstheorie.*[1]

1 Vgl. Paul Lorenzen / Oswald Schwemmer, *Konstruktive Logik, Ethik und Wissenschaftstheorie,* Mannheim ^{2}1975.

Mit ihr haben wir eine Theorie zur Verfügung, wie sich logisch komplexe Sätze aus Elementarsätzen zusammensetzen lassen. Für jeden Zusammensetzungsschritt werden wir aber stets kritisch zu erwägen haben, ob wir eventuell nur einer bloßen Tradition des Sprachgebrauchs folgen. Sein eigenes Reden zu begreifen erfordert, daß wir nur solche sprachlichen Mittel verwenden, die wir kritisch überprüft haben und die wir uns daraufhin bewußt zu eigen gemacht haben.

Elementarbefehle

Die Elementaraussagen sind Indikativsätze. Für Befehle, Normen, Bitten, Aufforderungen usw. brauchen wir Imperativsätze. Die Situation, in der ein solcher »Befehl« erteilt wird (ich beschränke mich auf diesen Terminus als Übersetzung des grammatischen Terminus »Imperativ«), enthält eine (oder mehrere) Person(en), die den Befehl gibt (geben), den »Imperator«, und eine (oder mehrere) Person(en), an die der Befehl gegeben wird, den »Imperatus«. In normierter Sprache, wie sie z. B. beim Militär teilweise üblich ist, läßt sich das so formulieren:

»Peter an Tilman. Befehl. Tilman gibt Peter den Kaspar«

Hier liegt der Sonderfall vor, daß der »Imperatus« (Tilman) – hier übrigens auch der Imperator (Peter) – in dem Befehlssatz auftreten. Das ist im allgemeinen nicht der Fall, z. B.:

»Peter an Tilman. Befehl. Kaspar bleibt hier«

Zur Abkürzung sei die folgende Symbolisierung vorgeschlagen:

$E_1 : E_2\ !A$

Hierin sind E_1, E_2 Eigennamen für Imperator und Imperatus, A ist eine (indikativische) Elementaraussage.
Für elementare Imperativsätze verwenden wir daher als normierte Darstellung

$!A$

Wie sich zeigen wird, lohnt es sich nicht, für das Argumentieren über Befehle, Normen usw. stets Imperator und Imperatus explizit zu nennen. Auch im Alten Testament hieß es nur »Du sollst nicht töten« statt »Jahwe an alle. Befehl. Du tötest nicht«.
Auf die Berechtigung der Verwendung eines solchen Wortes wie »sollen« werden wir aber noch ausführlich bei der Behandlung der sogenannten Modalitäten (Modallogik) einzugehen haben.

Prädikatorenregeln und logische Partikeln

Die kritische Überprüfung und Neuaneignung sprachlicher Mittel, die wir begonnen haben, um die Kunst des vernünftigen Argumentierens zu lernen, hat uns bisher zu den Elementarsätzen geführt. Wir bleiben zunächst bei den Indikativsätzen dieser Art. Wir nennen diese »Elementaraussagen«. Die Prädikatoren, die in ihnen vorkommen, sind bisher nur exemplarisch bestimmt, d.h. durch Beispiele und Gegenbeispiele.

Prädikatorenregeln

Der Leser wird sich leicht vorstellen können, daß eine Sprachgemeinschaft, die in ihrer Sprachentwicklung auf dieser Stufe stehenbliebe, sich immer wieder in Uneinigkeiten über das Zu- und Absprechen der bloß exemplarisch eingeführten Prädikatoren befinden wird. In der Entwicklung der natürlichen Sprachen ist man zur Verringerung dieser Schwierigkeiten (gänzlich lassen sie sich nie vermeiden) auf den folgenden »genialen Trick« gekommen: Man stabilisiert den Gebrauch von Prädikatoren dadurch, daß man Normen, die mehrere Prädikatoren zugleich betreffen, einführt.
Beschränken wir uns der Einfachheit halber auf einstellige Prä-

dikatoren und nehmen wir drei solcher Prädikatoren p, q_1 und q_2. Alle seien bisher bloß exemplarisch eingeführt. Im Deutschen vergegenwärtige man sich diese Situation etwa dadurch, daß ein Kind die Prädikatoren »Hund«, »bellen« und »brüllen« bloß exemplarisch gelernt habe. Nun sehe es zum erstenmal einen Löwen (er heiße Nero) – und höre ihn zum erstenmal brüllen. Weshalb wird das Kind dann eigentlich verbessert, wenn es sagt: »Nero bellt«? Das Brüllen möchte doch durchaus einem gewissen Hundebellen *ähnlicher* gewesen sein als etwa Kindergebrüll. Aber das Wort »ähnlich« – so dürfen wir ferner annehmen – steht dem Kind noch nicht zur Verfügung. Damit kann es also – ein Glück für die Eltern – noch nicht für seine Aussage argumentieren. Die Eltern (es sei denn, sie seien – zum Unglück für das Kind – begeisterte Logiker) werden das Kind denn auch nur dogmatisch belehren: »Nein. Nero brüllt.« Und sie werden etwa hinzufügen: »Nur Hunde bellen.« Daß Kinder es fertigbringen, auch solche Sätze wie diesen »Nur Hunde bellen« (das ist kein Elementarsatz) schließlich zu verstehen, obwohl ihnen von den Erwachsenen keine Hilfe gegeben wird (diese erschweren das Verstehen vielmehr meist dadurch, daß sie auf das Kind mit noch komplizierteren Sätzen, sogenannten Erklärungen, einreden), nämlich daß folgendes gemeint ist: Wenn ein Gegenstand (wie Nero) kein Hund ist, dann sollen sie von ihm nicht behaupten, er belle. Sie erraten, daß die Erwachsenen für die Prädikatoren eine besondere *Regel* benutzen. Sie können diese Regel nicht formulieren, aber sie lernen, die Regel zu befolgen.

Für uns ist es leicht, diese Regel zu formulieren: »Wenn x ε′ p, dann behaupte nicht x ε q!« (mit ›p‹ für »Hund«, ›q‹ für »bellen« und ›x‹ als einer Variablen für Eigennamen). Das ist ein bedingter Imperativ. Im Deutschen lautet die zugehörige Norm folgendermaßen: »Wenn ein Gegenstand kein Hund ist, dann ist es verboten, zu behaupten, daß der Gegenstand bellt.«

Durch eine später noch zu begründende logische Operation, die sogenannte Kontraposition, geht der Satz »Nur Hunde bellen« (wenn er als Regel oder Norm interpretiert wird) über in »Alles, was bellt, ist ein Hund«. Dies ist zu interpretieren als »Wenn x ε q, dann bestreite nicht, daß x ε p!« oder »Wenn ein Gegenstand bellt, dann ist es verboten, zu bestreiten, daß der Gegenstand ein Hund ist«. Daß es sich auch hier um ein bedingtes Verbot handelt und nicht etwa um das Gebot, immer dann, wenn ein Gegenstand bellt, zu behaupten, daß dieser ein Hund ist, wird hoffentlich klar sein. Wo kämen wir denn hin, wenn dieses Gebot befolgt würde?

Die klassischen (auf die aristotelische Logik zurückgehenden) Beispiele allgemeiner Sätze wie

> »Alle Menschen sind Lebewesen«
> (ein affirmativer Satz)

bzw.

> »Kein Mensch ist ein Pferd«
> (ein negativer Satz)

können ebenfalls als solche Regeln (oder Normen) für den Gebrauch von Prädikatoren interpretiert werden. Es sind Verbotsregeln der Form

> »Wenn x ε p, dann bestreite nicht, daß x ε q«
>
> (alle p sind q,
> mit ›p‹ für »Mensch«, ›q‹ für »Lebewesen«)

bzw.

> »Wenn x ε p, dann behaupte nicht, daß x ε q«
>
> (alle p sind nicht-q, d.h., kein p ist q,
> mit ›p‹ für »Mensch«, ›q‹ für »Pferd«).

Noch einmal anders ausgedrückt: Der Gebrauch der Prädikatoren ist also so normiert, daß der Übergang von einer Behauptung x ε p zu der Behauptung x ε q (im Falle von »alle p sind q«) bzw. zu der Behauptung x ε′ q (im Falle von »kein p ist q«) zulässig ist in folgendem Sinne: Ist die erste Behauptung (vom Gegner) nicht bestritten, dann ist es (dem Gegner) verboten, die

zweite Behauptung zu bestreiten. Auch für die negativen Sätze (»kein p ist q«) ist dies nur »anders ausgedrückt«, denn das Bestreiten von x ε′ q hätte durch das Behaupten von x ε q zu geschehen. (Vgl. hierzu die spätere Behandlung der Negation.)
Es ist also zulässig nach dieser Regel, von einer Aussage zu einer anderen überzugehen, in dem Sinne, daß dann, wenn die erste Aussage nicht bestritten wurde, auch die zweite nicht bestritten werden darf. Der Übergang ist ohne Risiko, widerlegt zu werden – das bedeutet die Zulässigkeit.
Wir wollen die hier als zulässig auftretenden Übergangsregeln

Gehe von ›x ε p‹ über zu ›x ε q‹!

bzw.

Gehe von ›x ε p‹ über zu ›x ε′ q‹!,

die der Normierung des Gebrauchs der Prädikatoren dienen, »Prädikatorenregeln« nennen.
Als kurze Notation für diese Regeln benutzen wir

x ε p ⇒ x ε q

bzw.

x ε p ⇒ x ε′ q.

Das Zeichen »... ⇒ ...« steht also an Stelle eines Imperativs: »Gehe von ... über zu ...!« Die Zulassung einer Prädikatorenregel bedeutet die Annahme des bedingten Verbots, den Nachsatz zu bestreiten. Es handelt sich bei ⇒ nicht um ein Zeichen für die logische Partikel: »Wenn ... dann ...«

Die logische Konjunktion

So etwas wie logische Partikeln, also eigene Wörter für die logische Verbindung von Sätzen, haben wir bis jetzt noch nicht eingeführt. Vielmehr ergeben sich erst jetzt, nachdem wir den Gebrauch bloß exemplarisch bestimmter Prädikatoren durch Zu-

lassung von Prädikatorenregeln normiert haben, Redesituationen, in denen sich die Erweiterung der bisher auf Elementarsätze beschränkten Sprache durch die Einführung logischer Partikeln rechtfertigen läßt.
Es seien etwa zwei (affirmative) Prädikatorenregeln

$$x \varepsilon p \Rightarrow x \varepsilon q_1,$$
$$x \varepsilon p \Rightarrow x \varepsilon q_2$$

mit demselben Vordersatz »$x \varepsilon p$« zugelassen. Im Deutschen würde man beide Regeln sofort zusammenfassen zu

$$x \varepsilon p \Rightarrow x \varepsilon q_1 \text{ und } \varepsilon q_2.$$

Wir stehen vor der Aufgabe, die Einführung eines neuen Zeichens – wir werden »$\wedge$« benutzen – zu rechtfertigen, daß anstelle des unkritisch dem Sprachgebrauch entnommenen Konjunktors »und« treten kann. Es soll dabei gelten, daß die zwei Regeln

$$x \varepsilon p \Rightarrow x \varepsilon q_1,$$
$$x \varepsilon p \Rightarrow x \varepsilon q_2$$

wieder zu einer Regel

$$x \varepsilon p \Rightarrow x \varepsilon q_1 \wedge x \varepsilon q_2$$

zusammengefaßt werden können. Der »Vorteil« einer solchen Zusammenfaßbarkeit liegt darin, daß der Vordersatz nicht mehr wiederholt zu werden braucht (Redeökonomie).
Aber der bloße Wunsch nach einer Zusammenfaßbarkeit liefert ebensowenig eine Rechtfertigung wie die Berufung auf den faktischen Gebrauch des Wortes »und«. Wir haben zu normieren, wie man denn Sätze, die mit dem neuen Zeichen $\wedge$ zusammengesetzt sind, also Sätze der Form $A \wedge B$, verteidigt, wenn sie bestritten werden. Dabei ist diese Normierung der Verwendung von $\wedge$ dadurch zu rechtfertigen, daß sie die gewünschte Zusammenfassung leistet.
Wir setzen dazu fest, daß derjenige, der $A \wedge B$ bestreiten will – wir nennen ihn den »Opponenten« und wollen auch sagen, daß er die Behauptung $A \wedge B$ »angreifen« will –, von dem, der $A \wedge B$

behauptet hat (dieser heiße »Proponent«), verlangen soll, nach Wahl des Opponenten einen der Teilsätze (A ist der linke Teilsatz, B ist der rechte Teilsatz) zu behaupten (und diesen anschließend zu verteidigen). Hat der Proponent das getan, so ist eine Dialogsituation entstanden, aus der das $\wedge$ zwischen A und B verschwunden ist. Auf die Behauptung $A \wedge B$ des Proponenten hat der Opponent also zwei Angriffe (wir notieren sie L? bzw. R?, wobei ›L‹ an »linker Teilsatz«, ›R‹ an »rechter Teilsatz« erinnern soll) zur Verfügung, und der Proponent hat sich auf den Angriff L? durch die Behauptung von A, auf den Angriff R? durch die Behauptung von B zu »verteidigen«. Sind anschließend diese Sätze verteidigt, so ist damit insgesamt $A \wedge B$ verteidigt. Wir haben damit zwei *Angriffs-Verteidigungs-Regeln* für $\wedge$. Wir notieren sie kurz folgendermaßen:

Behauptung	Angriff	Verteidigung
$A \wedge B$	L?	A
$A \wedge B$	R?	B

Mit einem Zeichen $\wedge$, dessen Verwendung durch diese Regeln normiert ist, lassen sich nun in der Tat (wie oben) zwei Regeln mit gleichem Vordersatz

(1) $C \Rightarrow A$,
$C \Rightarrow B$

»zusammenfassen« zu

(2) $C \Rightarrow A \wedge B$.

Sind die Übergänge (1) zulässig, so auch der Übergang (2). Ist nämlich C nicht bestritten und wird gemäß (2) (jetzt vom Proponenten) $A \wedge B$ behauptet, so verteidigt sich der Proponent gegen jeden der Angriffe L? bzw. R? durch A bzw. B – und diese Behauptungen dürfen anschließend gemäß (1) (vom Opponenten) nicht bestritten werden. Auch die Regel (2) ist risikolos, also zulässig.

Umgekehrt sollte der Opponent einsehen, daß er gemäß (2) $A \wedge B$ (unter der Bedingung C) nur dann nicht mit Erfolg bestreiten kann, wenn er keinen der Teilsätze A bzw. B bestreiten darf. Damit (2) zulässig ist, müssen die Regeln (1) zulässig sein.

Die logische Adjunktion

Ein zu der Einführung von ∧ analoger Fall, bei dem wir uns jetzt kürzer fassen können, liegt vor, wenn zwei Übergangsregeln mit gleichem Nachsatz

(3) $A \Rightarrow C$,
$B \Rightarrow C$

als zulässig akzeptiert sind.
Wir führen – wieder zum Zweck redeökonomischer Zusammenfassung – ein Zeichen ∨ ein mit den folgenden Angriffs-Verteidungs-Regeln:

A ∨ B	?	A
A ∨ B	?	B

Der Unterschied zu ∧ liegt darin, daß der Opponent (ohne Wahl) nur mit ›?‹ angreifen darf und der Proponent bei der Verteidigung die Wahl zwischen A und B hat. Sind die Regeln (3) zulässig, d. h. akzeptiert der Opponent das Verbot, C zu bestreiten (unter jeder der Bedingungen A bzw. B), dann kann der Proponent auch risikolos C behaupten, wenn vom Opponenten A ∨ B als unbestritten anerkannt ist. Hat nämlich der Opponent auf diese Weise sich die Behauptung von A ∨ B zu eigen gemacht, so ist er verpflichtet, auf den Angriff (?) mindestens einen der Teilsätze zu behaupten. In jedem Fall soll nach den Regeln (3) daher das C des Proponenten unbestritten bleiben. Die Regel

(4) $A \vee B \Rightarrow C$

ist also eine zulässige Übergangsregel, wenn die Regeln (3) zulässig sind. Auch hier gilt die Umkehrung. Wer Deutsch versteht, sieht sofort, daß ∨ eine gewisse Verwendung des Wortes

»oder« rekonstruiert, nämlich »A oder B« im Sinne von : mindestens eines, eventuell beides. Aussagen der Form A ∨ B mögen »Adjunktionen« heißen.
In diesem Aufsatz kann die schrittweise Begründung aller Normen der formalen Logik nicht durchgeführt werden. Für alle Einzelschritte sei auf die *Logische Propädeutik* verwiesen.[2] Der Leser müßte allerdings die Geduld aufbringen, sich bis zum Kapitel VI, § 2, durchzuarbeiten. Nur diese eigene Mühe wird dem Leser einsichtig machen können, daß die logischen Normen eine Weise des Argumentierens ermöglichen, bei der nichts (auch keine der logischen Normen selbst) auf bloße Willkür oder Tradition hin übernommen zu werden braucht.
Hier sei nur noch skizziert, welche weiteren logischen Sprachmittel begründet werden können.

Die logische Subjunktion

Wir haben zunächst gewisse Prädikatorenregeln als zulässig eingeführt, jetzt haben wir mit ∧ und ∨ weitere zulässige Regeln. Der für die Formulierung solcher Regeln benutzte »zweifache Pfeil« ist keine logische Partikel. In Redesituationen, in denen schon Systeme von Regeln als zulässig angenommen sind, läßt sich aber die Einführung einer neuen logischen Partikel, die den logischen Gebrauch von »wenn ..., dann ...« im Deutschen rekonstruiert, leicht rechtfertigen. Als Zeichen werde dafür der »einfache Pfeil« gebraucht: →. Wenn etwa zwei Regeln (5) A ⇒ B und (6) B ⇒ C zulässig sind, dann ist auch die Regel (7) A ⇒ C zulässig. Beweis: Hat der Opponent A nicht bestritten, so darf er nach (5) B nicht bestreiten und damit nach (6) auch C nicht.
Dies ist ein »Beweis« einer Behauptung, die mit den logischen Partikeln »wenn« und »dann« der deutschen Sprache formuliert werden kann.
Genau diese Partikeln sollen ja aber erst ohne Berufung auf

2 Vgl. Wilhelm Kamlah / Paul Lorenzen, *Logische Propädeutik oder Vorschule des vernünftigen Redens*, Mannheim ²1973.

Sprachgebräuche kritisch rekonstruiert werden. Wir führen dazu ein neues Zeichen → mit folgender Angriffs-Verteidigungs-Regel ein:

$A \rightarrow B$	A?	B

Der Angriff (?) gegen die Behauptung $A \rightarrow B$ geschieht hiernach, indem der Opponent selber gleichzeitig A behauptet. Der Dialog ist dann so weiterzuführen, daß der Proponent die Wahl hat, das behauptete A anzugreifen (Gegenangriff) oder sich mit der Behauptung von B zu verteidigen.

Mit diesem »Subjunktor« → haben wir jetzt die Möglichkeit, für jede zulässige Regel $A \Rightarrow B$ die zusammengesetzte Aussage $A \rightarrow B$ als wahr zu behaupten und zu verteidigen. Der Dialog verläuft nämlich zunächst so:

	Opponent	Proponent
1.		$A \rightarrow B$
2.	A?	?2

In der ersten Zeile stellt der Proponent nur seine Behauptung (die These) auf. In der zweiten Zeile greift der Opponent diese an, indem er selbst A behauptet. Der Proponent greift darauf dieses A an (das ist durch ?2 angedeutet).

Der Dialog geht dann so weiter, daß der Proponent entweder A nicht verteidigen kann (damit hätte er den Dialog *verloren*), oder er verteidigt A. In diesem Fall ist es ihm wegen der Zulässigkeit von $A \Rightarrow B$ aber verboten, B zu bestreiten. Also *gewinnt* der Proponent dadurch, daß er sich dann gegen den Angriff des Opponenten mit der Behauptung von B verteidigt. Der Proponent gewinnt $A \rightarrow B$ stets unter der Bedingung, daß $A \Rightarrow B$ zulässig ist. Auch hier gilt die Umkehrung: $A \rightarrow B$ läßt sich nur dann gewinnen, wenn $A \Rightarrow B$ als zulässig zu akzeptieren ist. Der obige Beweis der Zulässigkeit von (7) auf Grund von (5) und (6), der noch unkritisch traditionelles Sprechen verwendete, kann jetzt ersetzt werden durch eine Verteidigung der folgenden These: $(A \rightarrow B) \wedge (B \rightarrow C) \rightarrow (A \rightarrow C)$.

Eine Verteidigungsstrategie nach den angegebenen Angriffs-Verteidigungs-Regeln für ∧ und → hierfür zu finden, sei dem Leser »zur Übung« empfohlen.
Neben ∧, ∨ und →, den sogenannten Junktoren, benutzt man in der Logik noch den Negator ¬. Weil die Elementaraussagen affirmativ und negativ auftreten, war schon erwähnt worden, daß eine Negation dadurch angegriffen wird, daß man selbst den affirmativen Teil behauptet. Führen wir ein Symbol ¬ als Negator ein, so heißt das, daß für ¬ die folgende Angriffs-Verteidigungs-Regel gesetzt wird:

¬A	A?	

Ein Verteidigungszug wird hier nicht zur Verfügung gestellt, es ist dem Proponenten nur der Gegenangriff auf A erlaubt.

Die logischen Quantifikationen

Es bleiben noch die Quantifikatoren, kurz »Quantoren« genannt, zu besprechen. Sie rekonstruieren kritisch den Gebrauch der Wendung »für alle« und »für einige«. Ein Satz der Form »Alle p sind q« kann – zunächst noch durch eine bloße Modifikation innerhalb des Deutschen – ausführlicher so wiedergegeben werden:

»Für alle x: Wenn x p ist, dann ist x q.«

Es dürfte jedem klar sein, wie ein solcher Satz anzugreifen ist. Der Opponent wählt einen Eigennamen E und verpflichtet den Proponenten dadurch, den Satz

$$E \ \varepsilon \ p \rightarrow E \ \varepsilon \ q$$

zu verteidigen. (Ist die Prädikatorenregel $x \ \varepsilon \ p \Rightarrow x \ \varepsilon \ q$ zulässig, so ist das, wie wir wissen, kein Kunststück – aber das braucht ja nicht der Fall zu sein.)
Um diesen ersichtlich vernünftigen Sprachgebrauch in unser kritisch rekonstruiertes Reden aufzunehmen, führen wir Zei-

chen $\bigwedge_x$ ($\bigwedge$ ist ein großes Konjunktionszeichen $\wedge$) für jede Sorte x von Variablen ein. Eine Variable x braucht ja nicht stets eine Variable zu sein, die nur durch Eigennamen zu ersetzen ist. Es kann vielmehr x ebenso als Variable für andere Klassen von Wörtern oder Satzteilen benutzt werden, z. B. derart, daß x nur durch Prädikatoren zu ersetzen ist. *Vor* der Benutzung einer Variablen muß die Klasse von Satzteilen, die für die Variable eingesetzt werden soll, stets festgelegt sein. Die Klasse, die auf diese Weise einer Variablen zugeordnet ist, heiße der *Variabilitätsbereich* der Variablen.

Jetzt können wir die Angriffs-Verteidigungs-Regel für $\bigwedge_x$ formulieren. A(x) sei eine Aussageform, in der x vorkommt. T sei ein Satzteil aus dem Variabilitätsbereich von x. Wird x durch T ersetzt, so entsteht eine Aussage. Diese werde als A(T) notiert. Die Angriffs-Verteidigungs-Regel für $\bigwedge_x$ lautet dann:

$$\bigwedge_x A(x) \quad | \quad T? \quad | \quad A(T)$$

Der Opponent hat hier – wie bei der Konjunktion – die Wahl. Er darf ein beliebiges ›T‹ aus dem Variabilitätsbereich von x wählen. Der Proponent hat für das gewählte T dann A(T) als Verteidigung zu behaupten.

$\bigwedge$ heiße der Allquantor. Der Konjunktor $\wedge$ ist der Spezialfall des Allquantors mit einem Variabilitätsbereich, der aus genau zwei Sätzen besteht. Anders ausgedrückt: Der Allquantor ist eine Verallgemeinerung des Konjunktors. Auf die gleiche Weise läßt sich auch der »Adjunktor« $\vee$ zu einem Quantor $\bigvee$ verallgemeinern durch die folgende Angriffs-Verteidigungs-Regel:

$$\bigvee_x A(x) \quad | \quad ? \quad | \quad A(T)$$

Hier hat wieder der *Proponent* zur Verteidigung gegen Angriff ? ein T aus dem Variabilitätsbereich von x zu wählen.

Hat x als Variabilitätsbereich die Klasse der Eigennamen von Philosophen, dann ist die Behauptung »$\bigvee_x$x ist weise« gegen den Angriff ? z. B. durch Wahl des Eigennamens »Sokrates« zu verteidigen, d. h., man hat den Satz »Sokrates ist weise« zu behaupten. Im Deutschen wird die Behauptung »$\bigvee_x$x ist weise«

traditionell formuliert als »Einige Philosophen sind weise« oder etwas unmißverständlicher: »Mindestens ein Philosoph ist weise«. Der Quantor $\bigvee$ heiße deswegen der »Einsquantor«.

Formale Logik

Damit sind die Angriffs-Verteidigungs-Regeln für die logischen Partikeln (drei Junktoren, zwei Quantoren, Negator) aufgezählt. Daß es vernünftig ist, diese Wörter als »logische« Partikeln auszuzeichnen, sie *allein* zum Gegenstand einer Wissenschaft (die man »formale Logik« nennt) zu machen, wird gegenwärtig häufig bestritten. Da dieser Streit aber erst dann sinnvoll wird, wenn zusätzliche Erweiterungen der sprachlichen Mittel schon zur Verfügung stehen (z. B. solche, die traditionell zur Mathematik gerechnet werden), müssen wir hier diesen Streit auf sich beruhen lassen.
Es sei jedoch darauf hingewiesen, daß für die Logik als einer Theorie der logischen Partikeln nach Festlegung der Angriffs- und Verteidigungsregeln noch zu klären bleibt, wie Dialoge um logisch mehrfach zusammengesetzte Aussagen zu führen sind. Man nehme z. B. eine Aussage der Form $((a \rightarrow b) \rightarrow a) \rightarrow a$. Bei Dialogen um solche mehrfach zusammengesetzten Aussagen wird man bemerken, daß eine »allgemeine« Dialogregel begründet werden muß, die für jeden Fall regelt, wer wann in einem Dialog am Zuge ist – und welche der Angriffs- bzw. Verteidigungszüge jeweils erlaubt sind.
Diese dialogische Behandlung der Logik führt zur Begründung sowohl der »effektiven« (intuitionistischen) wie der »klassischen« (zweiwertigen) Logikkalküle. Diese Begründung ist ausgeführt in *Konstruktive Logik, Ethik und Wissenschaftstheorie*.

Kritische Einführung weiterer logischer Mittel in die Sprache

Bisher haben wir nur Elementarsätze kritisch rekonstruiert und ihre Zusammensetzbarkeit mit logischen Partikeln. Schon so einfache Sätze wie »Peters Bruder kommt« haben wir uns aber noch nicht erarbeitet, erst recht nicht Sätze wie »Die Menge der Primzahlen ist unendlich«. Wir können bisher auch nur »einfach« sagen: »Tilman kommt«, aber weder »Tilman muß kommen«, »Tilman kann kommen« noch »Tilman soll kommen«, »Tilman darf kommen«. Was uns zu diesen Sätzen fehlt, ist eine kritische Einführung von (1) Kennzeichnungen (»Peters Bruder« statt »Tilman«), (2) Abstrakta (hier »Mengen«) und (3) Modalitäten (hier die modalen Hilfsverben »müssen – können« und »sollen – dürfen«). Die Einführung dieser weiteren sprachlichen Mittel soll im folgenden skizziert werden.

Kennzeichnungen

Wenn Peter (der Leser denke hierbei an einen bestimmten Jungen, der so heißt, nicht an mehrere Jungen dieses Namens) mehrere Brüder hat, dann ist die Aussage »Peters Bruder kommt« nicht korrekt. Es sollte dann gesagt werden »*Ein* Bruder von Peter kommt«. Diese Aussage ist logisch zu konstruieren als »Für ein x: (x, Peter ε Bruder) und (x π kommen)«. Wenn Peter keinen Bruder hat, dann ist die Aussage »Peters Bruder kommt« erst recht nicht korrekt – sie ist sinnlos. Nehmen wir also den Fall, daß Peter genau einen Bruder, etwa mit dem Eigennamen »Tilman«, hat.
Wir nehmen damit zweierlei an:

(1) Für ein x: x, Peter ε Bruder,
(2) Für alle x, y: Wenn (x, Peter ε Bruder) und
(y, Peter ε Bruder), dann x = y.

Die zweite Bedingung besagt, daß alle Eigennamen x, y, die, in (z, Peter ε Bruder) für »z« eingesetzt, eine wahre Aussage er-

geben, Eigennamen desselben Gegenstandes sind: dies wird – wie üblich – durch x = y symbolisiert.
Sind (1) und (2) erfüllt, so darf »Peters Bruder kommt« anstelle von »Tilman kommt« gesagt werden. Das hat den Vorteil, daß man dazu keinen Eigennamen von Peters Bruder zu kennen braucht.
Der Satzteil »Peters Bruder« oder, artifizieller, »Dasjenige x, für das gilt: x, Peter ε Bruder« (kürzer: »Das x mit: x, Peter ε Bruder«) darf also wie ein Eigenname gebraucht werden, ist aber keiner. Er heißt eine *Kennzeichnung*. Ist dagegen eine der Bedingungen (1), (2) nicht erfüllt, hat Peter also keinen Bruder oder mehrere Brüder, dann heißt der Satzteil »Peters Bruder« eine *Pseudokennzeichnung*. Sätze mit Pseudokennzeichnung sind für vernünftiges Argumentieren verboten.
Gegen diese Norm wird häufig verstoßen. Redet jemand z.B. von »dem, was der bloßen kritischen Rationalität unzugänglich ist«, so ist er (auf Verlangen) zu dem Nachweis verpflichtet, daß dies eine (echte) Kennzeichnung, keine Pseudokennzeichnung ist. Die Möglichkeit dieses Nachweises hängt dabei davon ab, wie vorher die Verwendung der vorkommenden Wörter bestimmt ist.
Im alltäglichen Gebrauch der Sprache kommen Kennzeichnungen meistens vor für Gegenstände, für die keine Eigennamen eingeführt sind. In Verbindung mit einer Zeigegeste sagt man etwa: »Schließe dieses Fenster!« Es wird hier vorausgesetzt, daß in der Zeigerichtung genau ein Gegenstand ist, dem der Prädikator »Fenster« zuzusprechen ist. Hat das Zimmer, in dem man sich befindet, nur ein Fenster, so braucht man noch nicht einmal eine Zeigegeste. Man sagt dann »Schließe das Fenster!«.
Die allgemeine Form der Kennzeichnungen ist die folgende. Sind für eine Aussageform A(x) die beiden Bedingungen

(1) $\bigvee_x A(x)$,
(2) $\bigwedge_{x,y} [A(x) \wedge A(y) \rightarrow x = y]$

erfüllt, so heiße der Ausdruck »$\iota_x A(x)$« (gelesen: das x mit A(x)) eine Kennzeichnung.

Kennzeichnungen dürfen wie Eigennamen verwendet werden. Ist »E« ein Eigenname für einen Gegenstand, so daß A(E) gilt, dann ist ein Satz B ($\iota_x A(x)$) genau dann wahr, wenn B(E) wahr ist.

Abstrakta

Man kann ein Wort an die Tafel schreiben, aber man kann keinen Begriff an die Tafel schreiben. Ein Wort, so lautet die übliche Erklärung hierzu, ist etwas Konkretes, ein Begriff aber etwas Abstraktes. Wer kritisch ist, wird sich mit dieser Erklärung nicht zufriedengeben. Er wird fragen, was abstrakte Gegenstände (kürzer: Abstrakta) seien. Oder schon etwas gewitzter: Wie wird das Wort »Abstraktum« verwendet?
Das sei am Beispiel des Terminus »Menge«, der in der modernen Mathematik schon ganz am Anfang benutzt wird, gezeigt. Man kann endliche Folgen von Eigennamen an die Tafel schreiben, z. B.

(1) E_1, E_2, E_3.

Nun vergleiche man diese Folge mit

(2) E_2, E_3, E_3, E_1.

Diese Folgen sind verschieden voneinander.
Aber es werden in beiden Folgen dieselben Gegenstände genannt.
Nimmt man nämlich mit der Folge (2) folgende Umformungen vor:

Ver- oder Entdoppelungen: ersetze »E« durch »E,E« oder umgekehrt,
Vertauschungen: ersetze »E,E′« durch »E′,E«,

so ist (2) leicht – nämlich mit drei dieser Umformungen – in (1) überzuführen.
Zwei Folgen, die durch diese Umformungen ineinander über-

führbar sind, heißen »äquivalent« oder, genauer: »mengengleich«.
Man schreibt diese Mengengleichheit:

$$\{E_1, E_2, E_3\} = \{E_2, E_3, E_3, E_1\}$$

Was eine »Menge« ist, ist damit noch nicht erklärt. Wir haben bisher nur die Mengengleichheit für Folgen eingeführt. Zu den Mengen kommen wir dadurch, daß wir jetzt bei einer Folge von allem *abstrahieren* wollen, wodurch sie sich von anderen, aber mengengleichen Folgen unterscheidet. Diese Abstraktion führen wir dadurch aus, daß wir uns bei den Aussagen über die Folge, z.B. sei $A(E_1, E_2, E_3)$ eine Aussage über die Folge (1), auf diejenigen Aussagen *beschränken,* deren Wahrheit *invariant* ist gegenüber Ersetzungen der Folge durch beliebige mengengleiche. Ist $A(E_1, E_2, E_3)$ in diesem Sinne invariant bezüglich der Mengengleichheit, so formulieren wir $A(E_1, E_2, E_3)$ als eine Aussage

$$A(\{E_1, E_2, E_3\}) \text{ über »die Menge« } \{E_1, E_2, E_3\}.$$

Wir formulieren z.B. statt »E ist ein Glied der Folge E_1, E_2, E_3« jetzt »E ist ein Element der Menge $\{E_1, E_2, E_3\}$«. Für dies letztere schreiben wir kürzer »$E \in \{E_1, E_2, E_3\}$«.
Damit ist keine neue Erkenntnis gewonnen, man hat nur zum Ausdruck gebracht, daß in der ersten Aussage über die Folge E_1, E_2, E_3 diese Folge durch jede mengengleiche Folge ersetzt werden kann, ohne daß sich etwas an der Wahrheit ändert.
Die Klammern $\{\ldots\}$ heißen Abstraktoren, sie machen aus der in sie eingeschlossenen Folge ein Abstraktum, eine Menge. Die naheliegende Frage »Was sind Mengen?« ist nach dieser Einführung des Terminus »Menge« falsch gestellt. Wir haben ja nur erklärt, was Aussagen über Mengen (also Aussagen, in denen $\{\ldots\}$ vorkommt) sind: das sind nämlich Aussagen, die für (bezüglich der Mengengleichheit) invariante Aussagen über Folgen stehen.
Die Rede von »Mengen« ist eine kunstvolle Redeweise für das Reden über Folgen, bei dem man von allem abstrahiert, wo-

durch sich mengengleiche Folgen eventuell unterscheiden. Man redet so kunstvoll, als ob man durch die Abstraktion über neue Gegenstände redete. Diese nur fingierten Gegenstände sind die Abstrakta.

Die kunstvolle Redeweise über Folgen führt ersichtlich nur zu endlichen Mengen: man kann ja nur endliche Folgen zwischen Klammern $\{\ldots\}$ schreiben.

Will man – wie üblich – etwa $\{2, 4, 6, \ldots\}$ für die Menge aller geraden Zahlen schreiben, so gibt man sich der Täuschung hin, 2, 4, 6, ... sei die unendliche Folge aller geraden Zahlen. Man kann aber immer nur *endliche* Folgen hinschreiben mit *endlich* vielen, z.B. drei Punkten dahinter.

Unendliche Mengen werden nicht aus »unendlichen Folgen« abstrahiert, weil es diese – außer durch später einzuführendes, noch kunstvolleres Reden – gar nicht gibt.

Daß eine Zahl x gerade ist, heißt, daß $x = 2 \cdot y$ für ein y gilt. Die geraden Zahlen sind also diejenigen, die eine gewisse Formel A(x), z.B. $\bigvee_y x = 2\,y$, erfüllen. Statt A(x) können wir auch andere Formeln B(x) verwenden, z. B. $\bigvee_z x = z + z$. Es kommt nur darauf an, daß für alle x: $A(x) \leftrightarrow B(x)$ gilt (der Doppelpfeil $\leftrightarrow$ steht für die Konjunktion von $\rightarrow$ und $\leftarrow$). Die Formeln heißen dann »äquivalent« oder wieder »mengengleich«. Man schreibt die Mengengleichheit üblicherweise $\{x|A(x)\} = \{x|B(x)\}$.

Alle Aussagen über eine Menge $\{x|A(x)\}$ sind dabei so einzuführen, daß sie für (bezüglich der Äquivalenz) invariante Aussagen über *Formeln* stehen. Die Menge der Primzahlen z ist z. B. abstrahiert aus der Formel:

$$z \neq 1 \wedge \bigwedge_{x,y} (x \cdot y = z \rightarrow x = 1 \vee y = 1)$$

Daß diese Menge unendlich ist, heißt, daß für diese Formel A(z) – und zugleich für jede mit ihr äquivalente Formel B(z) – folgendes gilt:

$$\bigwedge_x \bigvee_y (y > x \wedge A(y))$$

In Worten: Zu jeder Zahl x gibt es eine größere Zahl y mit A(y). Anders ausgedrückt: Es gibt beliebig große Primzahlen, d.h.

unendlich viele. Da diese Aussage über die Formel A(z) invariant ist bezüglich Ersetzungen durch äquivalente Formeln (jede Aussage, die logisch zusammengesetzt ist aus A(z), hat diese Invarianz), formuliert man sie als eine Aussage über die Menge $\{z|A(z)\}$. Man schreibt $y \in \{z|A(z)\}$ statt A(y) und erhält:

$$\bigwedge_x \bigvee_y (y > x \wedge y \in \{z|A(z)\})$$

In Worten: Die Menge der Primzahlen ist unendlich, d.h., sie hat zu jeder Zahl x eine größere Zahl y als Element. Dieser Exkurs in die Mathematik diente nur zur Einführung von Abstrakta, weil in ihr das Abstrahieren am einfachsten zu begreifen ist.

Das Abstrahieren von Aussagen zu Sachverhalten, von Termini zu Begriffen[3] ist dagegen schwieriger darzustellen, weil unsere Bildungssprache immer schon unkritisch von Begriffen, Sachverhalten usw. redet.

Modalitäten

Wir wenden uns jetzt der kritischen Rekonstruktion modaler Hilfsverben zu. Im Deutschen kann man auch andere Konstruktionen gebrauchen. Z.B. sagt man statt »Tilman kann kommen« auch »Tilman kommt möglicherweise« oder »Es ist möglich, daß Tilman kommt«. Statt »Tilmann soll kommen« sagt man auch »Es ist geboten, daß Tilman kommt«.

Wir rekonstruieren zunächst Sätze der Form »Es ist notwendig, daß A«, wobei A eine Aussage (ein Indikativsatz) ist. Schon Aristoteles behandelte die Logik der Modalitäten »notwendig« und »möglich«. Eine kritische Rekonstruktion dieser »Modallogik« (wie sie kurz heißt) ist aber bis heute kontrovers. Nicht kontrovers ist dagegen, was unter *relativen Modalitäten* zu verstehen ist. Hat man ein System Σ von Aussagen als *wahr* anerkannt, so ist es – nach den Normen der Logik – verboten, gewis-

3 Vgl. hierzu Kamlah / Lorenzen, *Logische Propädeutik*, Kap. III und IV.

se weitere Aussagen zu bestreiten. Z. B. darf, wer A und A→B anerkannt hat, B nicht bestreiten. Man sagt dazu, daß »B« aus dem System Σ der Sätze A und A → B *logisch* folgt – oder man sagt, daß B notwendigerweise wahr ist *relativ* zu Σ. Wir schreiben hierfür kurz $\Delta_\Sigma B$. Hieran ist nichts problematisch, es bleibt aber zu fragen, ob ΔB (ohne Angabe eines als wahr vorausgesetzten Systems Σ) ein Sinn – und wenn ja, welcher – zu geben ist. Die Tradition redet hier von »absoluter Notwendigkeit«. Man könnte dies deuten als die logische Wahrheit, also der Wahrheit aufgrund der logischen Regeln allein (ohne Vorgabe eines Σ). Damit hätte man aber nur eine überflüssige Terminologie zur Verfügung gestellt, nämlich »absolute Notwendigkeit« als gleichbedeutend mit »logischer Wahrheit«.
Es sei daher hier eine andere Rekonstruktion vorgeschlagen. Diese geht davon aus, daß gewisse Aussagen über relative Notwendigkeiten wahr sind – unabhängig von dem System Σ wahrer Sätze, auf das sich die Notwendigkeiten beziehen. Ein trivialer Fall ist:

Wenn $\Delta_\Sigma A$, dann A.

Dies gilt ersichtlich für alle wahren Σ: wenn A aus irgendeinem System Σ wahrer Sätze logisch folgt, dann ist auch A selbst wahr. In solchen Subjunktionen, die für alle wahren Σ gelten, lassen wir jetzt – nur um der ökonomischeren Schreibweise wegen – die Angabe von Σ weg. Wir ersetzen gleichzeitig das »wenn – dann« durch < statt durch →. Es entsteht:

$$\Delta A < A$$

< ist ein Relationszeichen (wie z. B. das Kleinerzeichen < in der Arithmetik), kein Verknüpfungszeichen wie → oder das Additionszeichen + in der Arithmetik. Einen Satz der Form … < …, in der links oder rechts das Zeichen Δ auftritt (mindestens einmal), heißt eine *modallogische Implikation.* Es sei nur noch ein Beispiel angegeben:

$$\Delta A \wedge \Delta(A \rightarrow B) < \Delta B$$

Für alle Einzelheiten der Modallogik (die alle modallogischen Implikationen zu untersuchen hat) sei auf die *Konstruktive Logik* verwiesen.[4] Von besonderer Wichtigkeit sind die Modalitäten für Voraussagen, d.h. für Aussagen, die sich auf die Zukunft beziehen. Obwohl es viele Propheten gegeben hat und noch gibt, hat es bisher nur die Physik zu erfolgreichen Voraussagen gebracht. Sie behandelt physikalische Systeme, deren Zustand zu einer Zeit t_o durch eine »Zustandsbeschreibung« Z_{t_o} beschrieben wird. Sie stellt dann »Bewegungsgesetze« auf, die eine Beschreibung des Zustands des Systems für jede Zeit $t_o + t$ liefert: $Z_{t_o + t} = U_t (Z_{t_o})$.
Es sei nun t_o die Gegenwart. Für eine beliebige Aussage $A_{t_o + t}$ über das System in der Zukunft $t_o + t$ (mit $t > o$) ist dann zu untersuchen, ob $A_{t_o + t}$ aus $Z_{t_o + t}$ logisch folgt: nur dann ist $A_{t_o + t}$ »notwendig« relativ zu dem Bewegungsgesetz U und der Gegenwartbeschreibung Z_{t_o}.
Ist die Negation $\neg A_{t_o + t}$ notwendig, so heißt $A_{t_o + t}$ »unmöglich«. Ist $A_{t_o + t}$ weder notwendig noch unmöglich, so heiße $A_{t_o + t}$ »kontingent«. Zukunftsaussagen sind also nicht auf ihre Wahrheit oder Falschheit zu befragen, sondern (mit Hilfe von physikalischen Bewegungsgesetzen und Gegenwartbeschreibungen) auf ihre Notwendigkeit, Unmöglichkeit oder Kontingenz.
Eine analoge Dreiteilung (statt Zweiteilung nach »wahr« und »falsch«) ergibt sich auch für unsere Stellungnahme zu Imperativen.

Ethische Modalitäten

Gibt jemand (der »Imperator«) einen Befehl, so wird sich derjenige, an den der Befehl gerichtet ist (der »Imperatus«), zunächst – falls er nicht blindlings gehorcht – fragen, ob er dem Befehl folgen *solle*. Anders ausgedrückt: Der Imperatus hat darüber zu entscheiden, ob der Befehl »geboten« (ob seine Befolgung »pflichtmäßig« ist), »verboten« (ob seine Befolgung

4 Vgl. Fußn. 1.

»unrechtmäßig« ist) oder »neutral« (die Befolgung ist dann »freigestellt«). Wir beschränken uns auf Befehle der Form: »Stelle den Zustand A her!« Diese symbolisieren wir durch !A. Sie befehlen, sich ein Ziel (Zweck) zu setzen. Über die Mittel, diesen Zweck zu erreichen (den »befohlenen« Zustand herzustellen), ist dadurch nichts bestimmt. Die Mittelwahl ist also noch eigens zu bedenken. Genau für diese Mittelwahl sind die »wertfreien« Wissenschaften zuständig, wobei aber stets die voraussehbaren Nebenwirkungen der Mittel zu berücksichtigen sind.

Die Problematik normativer Wissenschaften besteht darin, über Ziele zu entscheiden. Nur darum beschränken wir uns auf »Zielbefehle« !A. In der Praxis sind oft auch Befehle, gewisse Mittel zu wählen, sehr schwierig zu beurteilen – wir können das Gesamtproblem, Normen für unser Handeln zu begründen, aber theoretisch in die Beratung über Ziele und über Mittel zu gesetzten Zwecken aufspalten.

Unproblematisch sind hier wieder nur die relativen Modalitäten. Ist ein System $!\Sigma$ von Zielbefehlen $!A_1, \ldots, !A_n$ schon als Zweck gesetzt (Σ stehe hierbei für das System der Indikativsätze $A_1, \ldots, A_n$), dann ist es leicht, auch über die Zielzustände A zu befinden, die logisch aus $A_1, \ldots, A_n$ folgen. Diese Zustände A sind »implizit« mitgesetzt. Dies »implizit« soll nämlich gerade heißen, daß die Aussagen A von dem System Σ logisch impliziert werden. Wir nennen die Zielbefehle !A »geboten« relativ zu $!\Sigma$, wenn $\Delta_\Sigma A$ gilt. Wir schreiben dafür symbolisch $\Delta_\Sigma !A$ (Δ vor einem Imperativ ist also im Deutschen als »geboten« zu lesen, nicht mehr als »notwendig« wie vor Indikativen – in der Symbolsprache ist es überflüssig, zwei verschiedene Symbole zu gebrauchen).

Zu einer Logik der »ethischen« Modalitäten kommen wir jetzt wie oben im Falle der »physischen« Modalitäten durch Beschränkung auf Sätze über relative Gebotenheiten, die gleichmäßig für alle Bezugssysteme $!\Sigma$ gelten. Von »absoluten« Geboten braucht dabei nicht gesprochen zu werden (auf den Kantischen »kategorischen« Imperativ werden wir S. 53 eingehen).

Als Beispiel einer ethisch-modallogischen Implikation sei angeführt:

$$\Delta!(A \vee B) \wedge \Delta! \neg A < \Delta!B$$

Analog zu den physischen Modalitäten sind weitere Modalitäten mit Hilfe von $\Delta!$ definierbar. Gilt $\Delta! \neg A$, so heißt $!A$ »verboten«. Ist $!A$ weder ge- noch verboten, so heißt $!A$ »neutral« (oder »freigestellt«).
In Analogie zur physischen Möglichkeit $\nabla A \leftrightharpoons \neg \Delta \neg A$ ($\leftrightharpoons$ sei das Definitionszeichen) läßt sich in der Ethik die *Erlaubtheit* definieren:

$$\nabla!A \leftrightharpoons \neg \Delta! \neg A$$

In der Ethik treten also $\Delta!$ und $\nabla!$ an die Stelle von Δ und ∇. Es ist aber zu beachten, daß die triviale Implikation der physischen Modallogik $\Delta A < A$ in der ethischen Modallogik keine Analogen hat. Ist $!A$ geboten (also $\Delta!A$), so folgt daraus durchaus nicht, daß A wahr ist, d. h. daß der gebotene Zielzustand hergestellt wurde.
Anders als in den wertfreien Wissenschaften kann man sich im Bereich der normativen Wissenschaften nicht an etwas der Wahrheit (von Aussagen) Vergleichbares halten. Da die Modallogik nicht über relative Modalitäten hinausführt, von einem Basissystem $!\Sigma$ aber nicht (wie in der Physik) die Wahrheit gefordert werden kann, ist das Grundproblem der Ethik hier bisher noch gar nicht zur Sprache gekommen: Wie lassen sich gewisse Normen als Basisnormen rechtfertigen? Anders gefragt: Müssen wir redlicherweise (wie die Vertreter der sogenannten Werturteilsfreiheit der Wissenschaft glauben) alle Basisnormen als gleichberechtigt anerkennen – oder gibt es eine Methode, *ohne Willkür* wenigstens gewisse Normen als »gerecht« vor anderen auszuzeichnen?
Die folgenden Einschränkungen der Willkür sind allerdings trivial:

1. Das Basissystem $!\Sigma$ soll konsistent sein,
   d. h., es soll für kein $!A$ zugleich A und $!\neg A$ relativ zu $!\Sigma$ geboten sein.

2. Das Basissystem $!\Sigma$ soll nichts Unmögliches gebieten, d. h., gilt physisch $\Delta\neg$ A (als Bezugssystem diene hierbei unser »bestes« Wissen), dann soll !A nicht relativ zu $!\Sigma$ geboten sein.

Diese trivialen Einschränkungen lassen immer noch alle möglichen Zustände als gleichberechtigte Ziele gelten. Wir haben also nach einer Methode zu fragen, die ohne Willkür gewisse *mögliche* Zwecksetzungen vor anderen als »geboten« auszeichnet.

Prinzipien des Argumentierens über Normen

Die bisherigen Aufsätze haben ein Grundvokabular zur Verfügung gestellt, mit dem wir darüber diskutieren können, welche Mittel für gegebene Zwecke geeignet sind, welche Zwecke »geboten« bzw. »erlaubt« sind, relativ zu einem gegebenen System von Zwecken.

Die wichtigste Frage aber nach der Auszeichnung gewisser zwecksetzender Normen als »gerecht«, *ohne* uns dabei auf »gegebene« (also eventuell bloß traditionelle) Zwecksetzungen zu berufen, ist bisher noch gar nicht berührt. Fiele hier die Antwort negativ aus, d. h., kämen wir zu der Überzeugung, es sei eine Illusion, vernünftig über Zwecksetzungen argumentieren zu können, Vernunft sei vielmehr nur für die Mittelwahl zur Erreichung gegebener Zwecke zuständig, dann sollten wir (vernünftigerweise) das gegenwärtige Chaos von religiösen, künstlerischen, technischen und politischen Zwecksetzungen gelassen zur Kenntnis nehmen – und uns darauf einrichten, wenigstens unsere eigenen, zufälligen Zwecke so gut wie möglich zu erreichen.

Diese Antwort wird in der Tat mit großer Mehrheit praktiziert. Durch die Vorherrschaft der Naturwissenschaften, die nur bei der Mittelwahl beraten kann, nicht bei Zwecksetzungen, hat »man« sich an ein Chaos von Zwecken gewöhnt und »man« versucht, das Beste daraus zu machen.

Diese Antwort ist jedoch nur eine – historisch entstandene – Meinung. Sie hat eine ehrwürdige Geschichte hinter sich, insofern sie schon von den griechischen Sophisten vertreten wurde, dann von mittelalterlichen Nominalisten und in der Neuzeit z. B. von Hobbes über Nietzsche bis in die Gegenwart. Der Versuch, diese Meinung zu widerlegen, hat ebenfalls eine ehrwürdige Geschichte: von Platon über Aristoteles und Thomas von Aquin bis zu Kant, Hegel und Marx. Durch historische Meinungserforschung läßt sich aber keine der Meinungen begründen.
Wir haben dazu vielmehr zu versuchen, unser Vokabular so zu erweitern, daß Prinzipien formuliert werden, die das Argumentieren für oder gegen Normen vernünftig regeln. Für die Annahme dieser Prinzipien selbst, für ihre Vernünftigkeit, kann nicht argumentiert werden – man erlernt in der Praxis, sich nach ihnen zu richten, und kann nur hinterher explizit machen, daß man sie schon angenommen hat.

Noologische Termini

Dieses Explizitmachen nennt man Reflexion – wir haben in unserem Falle dazu eigene Wörter einzuführen, um über uns zu sprechen, insofern wir an den Bemühungen um vernünftiges Argumentieren teilnehmen. In Diskussionen um praktische Dinge befinden wir uns schon so lange, wie wir überhaupt reden gelernt haben. In ihnen werden zunächst gewisse Zwecke *vorgeschlagen.* Es folgt faktisch meist ein mehr oder weniger vernünftiges Argumentieren – schließlich wird ein Zweck *beschlossen.*
Auf der Basis der Praxis dieses Miteinanderberatens, in der aus anfänglichen Vorschlägen ein Beschluß entsteht, können wir in unsere Sprache noologische Termini einführen (im Englischen »mental terms«: es handelt sich nicht um psychologische Termini, obwohl die Psychologie traditionell nicht nur die Seele – Psyche –, sondern auch den Geist – Nous – zu untersuchen für sich in Anspruch nimmt).
Vorschläge und Beschlüsse sind Sätze, sprachliche Gegenstän-

de. Die Reflexion auf uns als miteinander Beratende erfordert aber Termini auch für diejenigen, die an einer Beratung zwar (verstehend) teilnehmen, ohne jedoch gerade etwas zu sagen oder zu hören.

Von einem Teilnehmer S, der den Zustand A als Zweck vorschlägt, soll gesagt werden: »Er begehrt, daß A«, symbolisch: S Π A (Π möge an Praxis erinnern). Der Satz S Π A soll aber als Beschreibung nicht nur des Vorschlagenden dienen (dafür würde ja genügen »S schlägt vor, daß A«), sondern auch als Beschreibung aller derjenigen, die *für* den Vorschlag sind – unabhängig davon, ob sie dies zum Ausdruck bringen oder nicht. Auch Tiere haben in diesem Sinne Begehrungen. Spielt man etwa mit einem Hund und macht ihm etwas Neues vor (statt eines Vorschlages), so sieht man aus dem Verhalten, ob er dafür oder dagegen ist.

Nur dann, wenn durch argumentierende Beratung, eventuell mit sich allein, aus anfänglichen Vorschlägen $A_1, A_2, \ldots$ ein Beschluß B erarbeitet wird, ist es sinnvoll, neben dem Terminus »Begehren« einen weiteren Terminus einzuführen. Wer für den Beschluß, daß B, ist, von dem soll gesagt werden: »Er will, daß B«, symbolisch: S Π* B. Der Terminus »Wollen« soll wiederum nicht an das explizite verbale Verhalten gekoppelt sein. Auch jemand, der gar nichts gesagt hat, kann den beschlossenen Zweck wollen, wenn er stillschweigend der Argumentation gefolgt ist.

Der Prozeß der Wollensbildung aus anfänglichen Begehrungen ist kein Naturprozeß, auch kein bloß zu beschreibender sozialer Prozeß. Es ist ein Prozeß, der nach den Regeln vernünftiger Argumentation durchgeführt werden sollte, es ist ein Bildungsprozeß. Die Unterscheidung zwischen Begehren und Wollen (zwischen Π und Π*) ist eine normative Unterscheidung. Sie ist daher nur auf Menschen, insofern sie vernünftig miteinander Beratende sind, anwendbar.

Ein spezieller Fall von Beratungen sind solche Diskussionen, in denen es – zur Vorbereitung des Handelns – nur um theoretische Fragen geht, insbesondere um die Wahrheit von Situationsbeschreibungen und von Bewegungsgesetzen zur Voraussage der Wirkungen unserer Handlungen. Die Beratung beginnt hier mit *Behauptungen,* also mit Indikativ-, nicht mit Imperativsätzen. Wiederum folgt faktisch ein mehr oder weniger vernünftiges Argumentieren, bis man zu einem *Schluß* kommt. Für diejenigen, die verstehend an solchen theoretischen Beratungen teilnehmen, ohne selbst zu reden, empfiehlt es sich, weitere noologische Termini einzuführen. Wer eine anfängliche Behauptung A aufstellt oder ihr nur »innerlich« zustimmt, von dem möge gesagt werden: »Er vermutet, daß A«, symbolisch: S Θ A (Θ erinnere an Theorie). Wer der argumentierenden Beratung, die mit Behauptungen A_1, A_2, ... beginnt, folgt und innerlich dem Schluß B zustimmt, von dem wollen wir sagen, daß er sich eine Meinung gebildet hat: »Er meint, daß B«, symbolisch: S Θ* B.

Meinungs- wie Wollensbildung sind normative Prozesse, die nach den Regeln vernünftiger Argumentation von den anfänglichen Vermutungen bzw. Begehrungen ausgehen sollten.

Das Moralprinzip

Für theoretische Beratungen haben wir die institutionalisierte Wissenschaft als Ratgeber. Für praktische Beratungen (im strengen Sinne, so daß es um Zwecke, nicht um Mittel geht) erklärt sich die »wertfreie« Wissenschaft für unzuständig. Dies zeigt, daß sich in unserer Kultur zwar für theoretische Fragen ein »Glauben« an Wahrheit und Wissen durchgesetzt hat, ein entsprechender »Glauben« an das Gute (Gerechtigkeit usw.) und Einsicht (Weisheit usw.) aber bisher niemals in der Geschichte wirksam geworden ist.

Die Versuche in der griechischen Philosophie, später in der christlichen Theologie und seit Kant wieder in der Philosophie, sind bisher – aufs Ganze gesehen – wirkungslos geblieben. Da bisher aber auch niemals ernsthaft der Versuch unternommen worden ist, die Begründung der Regeln vernünftigen Argumentierens unabhängig von den Zufälligkeiten der sogenannten natürlichen Sprachen zu machen (dies bedeutet ja den provisorischen Verzicht auf alle Sprachgewohnheiten und eine methodische Rekonstruktion aller sprachlichen Mittel des Argumentierens), folgt aus dem bisherigen Verlauf der Geistesgeschichte gar nichts darüber, ob uns eine Begründung von Prinzipien der praktischen Philosophie (Ethik) nicht doch *möglich* ist.

Der erste Schritt in dieser Richtung ist sogar ziemlich einfach. Er ist von Kant unter dem Titel »kategorischer Imperativ« unternommen worden. Es kommt aber im folgenden nicht darauf an, was Kant gesagt hat, sondern darauf, ein Prinzip aller Moralität systematisch, ohne Rückgriff auf bloß Historisches, zu begründen.

Wir gehen dazu von dem »Faktum« der theoretischen Wissenschaften aus. Daß wir bei theoretischen Fragen, also bei Meinungen, von Wahrheit und Wissen sprechen, ist dadurch gerechtfertigt, daß die Meinungsbildung in den institutionalisierten Wissenschaften objektiv geschieht. Diese »Objektivität« bedeutet aber nichts anderes, als daß die subjektiven Vermutungen, von denen die Meinungsbildung ausgeht, niemals deswegen, weil sie von einer bestimmten Person (statt von einer anderen) behauptet wurden, vor anderen bevorzugt werden sollen. In den Wissenschaften soll sich jeder bemühen, nicht auf seinen Vermutungen (diese heißen »subjektiv«, weil sie zu einer bestimmten Person, eventuell zu einer bestimmten Personengruppe gehören) zu bestehen, sondern der Vernunft, d.h. vernünftigen Argumenten, nachzugeben.

Wie das im einzelnen gelingt, kann man nur im Nachvollziehen der einzelnen Wissenschaften lernen. Allgemein – also ohne in Einzelheiten zu gehen – läßt sich nur sagen, daß die bloße Subjektivität der Vermutungen überwunden werden soll. Dieses Prinzip des Überwindens der Subjektivität – oder mit einem ehrwürdigen lateinischen Wort: des Transzendierens der Subjektivität – liegt ersichtlich auch weitgehend der faktischen Entwicklung der theoretischen Wissenschaften zugrunde. Wir nennen es ein Prinzip, weil es, ähnlich wie eine Verfassung allen

Rechtsnormen, allen Normen der Einzelwissenschaften vorgeordnet ist. Schon die Begründung der logischen Regeln (Normen) war von diesem Prinzip der Transsubjektivität – wie wir kurz sagen wollen – geleitet: Jede Subjektivität, jede subjektive Willkür war auszuschließen.

Es zeigt sich an diesem Beispiel, daß die Gewinnung von wahren Sätzen von Normen abhängig ist, die für den wissenschaftlichen Sprachgebrauch aufzustellen sind. Die theoretische Vernunft, die Methode der Meinungsbildung, ist abhängig von Handlungsnormen (in diesem Falle: von Redenormen).

Schon an den theoretischen Wissenschaften zeigt sich also, daß die Vernunft nach dem Prinzip der Transsubjektivität Normen setzen kann.

Für die praktische Vernunft, d. h. für die Methode der Wollensbildung, brauchen wir daher nur das Prinzip der Transsubjektivität zu wiederholen: bei jeder Setzung von Zwecken soll sich jeder bemühen, nicht auf seinen subjektiven Begehrungen zu bestehen, sondern der Vernunft, d. h. vernünftigen Argumenten, nachzugeben. Die Subjektivität, sei es von Personen oder von Personengruppen, ist zu transzendieren. Es wird immer dabei bleiben, daß auch die angestrengteste Bemühung nur zu einem Wollen von Personen, also zu etwas Subjektivem führt. Aber das Prinzip der Transsubjektivität, das Prinzip, die Subjektivität zu überwinden, liegt trotzdem als das Prinzip der praktischen Vernunft allen vernünftigen Bemühungen um Zwecksetzungen zugrunde.

Kultur- vs. Naturwissenschaften

Wiederum kann nur im Vollzuge der praktischen (oder normativen) Einzelwissenschaften wie Sprachwissenschaft, Wirtschaftswissenschaft, Rechtswissenschaft und Staatswissenschaft gelernt werden, wie transsubjektive Normensetzung im einzelnen geschieht. Der gegenwärtige Zustand der normativen Einzelwissenschaften gestattet allerdings nicht, auf sie als Paradigmen hinzuweisen: Diese normativen Wissenschaften haben sich in ihrem Selbstverständnis seit der Aufklärung im 18. Jahrhundert und insbesondere seit dem sogenannten Zusammenbruch des deutschen Idealismus im 19. Jahrhundert immer mehr den Naturwissenschaften angenähert. Mit Ausnahme der marxistisch beeinflußten – oder als Überbleibsel aus der Zeit vor der Aufklärung noch christlich beeinflußten – Lehrtraditionen werden gegenwärtig auch die praktischen Wissenschaften als theoretische, nämlich als wertfreie Wissenschaften betrieben. In anderer Terminologie: Die Kulturwissenschaften werden gegenwärtig weitgehend als Naturwissenschaften betrieben. Sie nennen sich dann »empirische Sozialwissenschaften«.

Dieses gegenwärtige Selbstverständnis der Kulturwissenschaften schließt aber nicht die Möglichkeit aus, trotzdem unter »Kultur« die Leistungen der Menschen zu verstehen, die sie *nicht* als Naturwesen hervorgebracht haben (wie etwa die Bienen Honigwaben), sondern als miteinander über gemeinsame Zwecke beratende Vernunftwesen. Schon die Sprachen sind keine Naturfähigkeiten, sondern Kulturleistungen. Die Kulturwissenschaften können sich daher, trotz des gegenwärtigen Empirismus, die Aufgabe stellen, die Kulturgebilde in ihrer Entstehung kritisch nachzuvollziehen – um so aufgrund dieser Kritik zu ihrer Weiterentwicklung beizutragen.

Normative Genesen

Da Kultur – per definitionem – nur dann kritisch verstanden werden kann, wenn sie als vom Menschen Hervorgebrachtes begriffen wird, so ist dieses Begreifen darauf angewiesen, die Hervorbringung geistig nachzuvollziehen. Dies heißt aber nicht, daß es darauf ankommt, der faktischen Entstehung bis in alle Details zu folgen, sondern sich »im Geiste« eine Entstehungsgeschichte zu erdenken, wie sie hätte verlaufen können und sollen. Damit dieses Erdenken kein Erdichten wird, ist es erforderlich, die Genese, d.h. die Entstehungsgeschichte, schrittweise zu konstruieren. Hierbei ist jeder Schritt, d.h. jede neue Zwecksetzung, aufgrund des bis dahin Erreichten, d.h. der bis dahin gerechtfertigten Zwecksetzungen, transsubjektiv zu rechtfertigen. Eine solche Genese möge eine »normative Genese« heißen im Gegensatz zur »faktischen Genese«, der Entstehung, wie sie sich kontingenterweise in der Geschichte vollzogen hat.

Die faktische Genese unserer Situation mit all ihren miteinander zusammenhängenden Kulturgebilden hat bloß faktische, keine normative Kraft. Es ist vielmehr gerade die Aufgabe gestellt, die faktische Genese mit Hilfe normativer Genesen kritisch zu verstehen. Erst dann wollen wir sagen, daß wir unsere Situation begriffen haben. Die »Anstrengung des Begriffes«, d.h. des Begreifens, erfordert also unsere praktische Vernunft. Sie erfordert eine methodisch, d.h. schrittweise nachvollziehbare Rechtfertigung von Normen. Das normative Element des Begreifens konkreter Situationen mit ihren faktischen Vermutungen und Begehrungen wird dabei stets allein von dem Prinzip der Transsubjektivität geliefert. Die faktischen Begehrungen, z.B. die sogenannten natürlichen Bedürfnisse (Nahrungsbedürfnis, Ruhebedürfnis usw. – sie erfordern zu ihrer Rechtfertigung keine normative Genese im Gegensatz zu den Kulturbedürfnissen, etwa theoretischen oder künstlerischen Bedürfnissen), können wir uns nicht erdenken, sie sind das Material, ohne das die praktische Vernunft nichts zu bearbeiten hat.

Alle Kulturwissenschaften sind daher darauf angewiesen, sich gründlichst in empirische, speziell historische Studien zu versenken – aber stets nur als Hilfsmittel, um schließlich zu normativen Genesen zu gelangen, mit denen auch praktisch in die gegenwärtige Situation eingegriffen werden kann.

Die dialektische Methode

Es ist eine Art von Spiralbewegung, die zu vollziehen ist, um Handlungsnormen in einer konkreten Situation zu rechtfertigen. Wir beginnen mit normativen Genesen, z.B. mit der Genese von Redenormen, die aus der gemeinsamen, unmittelbaren Lebenspraxis zu rechtfertigen sind. Wir wenden dann diese Normen an, um ein Stück Geschichte kritisch zu verstehen, d.h. zu begreifen. Danach sind wir dann eventuell in der Lage, weitere normative Genesen vorzulegen. Diese wenden wir wieder auf die Geschichte an usw.

Diese Spiralbewegung, die zwischen normativen und faktischen Genesen hin und her geht, ohne theoretisch an ein Ende des Begreifens zu kommen, die wir aber, um in unserer Situation zu handeln, bei der zuletzt erreichten normativen Genese abbrechen müssen, nenne ich im Anschluß an einen Hegelschen Sprachgebrauch: die dialektische Methode. Erst die Ergänzung des (Kantischen) Moralprinzips der Transsubjektivität durch die (Hegelsche) Methode der Dialektik gestattet uns, uns als Kulturwesen zu begreifen. Diese Ergänzung ergibt sich daraus, daß Kultur als eine praktische Leistung begriffen wird.

Eine der Kulturleistungen, von der alle anderen abhängig sind, ist dabei die Bereitstellung einer Sprache. Unsere Skizze der Regeln vernünftigen Argumentierens ist nichts anderes gewesen als die Skizze einer normativen Genese der sprachlichen Mittel für das theoretische und praktische Argumentieren. Wir haben also von Anfang an die dialektische Methode (mit dem Moralprinzip als ihrem normativen Element) auf das Kulturgebilde »Sprache« angewandt, obwohl wir erst jetzt am Schluß die sprachlichen Mittel beisammen haben, um sie als Methode formulieren zu können. Auch dies ist kein Zirkel, sondern eine Spiralbewegung. Es hat keinen Sinn, mit unbegriffenen Argumentationsformen gegen den Vollzug dieser Bewegung zu »argumentieren«. Vernünftiges Argumentieren wird ja erst dadurch möglich, daß man an dieser Bewegung des Begriffs teilnimmt. Zu dieser Teilnahme ist niemand gesetzlich verpflichtet. Aber die Weigerung, sich durch kritische Teilnahme selbst zu einem Kulturwesen zu bilden, kann nicht im Namen der Vernunft, Moral, Gerechtigkeit usw. ausgesprochen werden. Diese Namen sind selbst Kulturleistungen, die man sich nur durch kritische Teilnahme erarbeiten kann.

Mathematik und Naturwissenschaften

Die klassische Analysis als eine konstruktive Theorie

Der Kampf um die Cantorsche Mengenlehre ist etwa seit den dreißiger Jahren zu einem Stillstand gekommen. Gegenüber den sogenannten Schwierigkeiten der intuitionistischen Mathematik hat sich eine formalistische Mathematik als die einfachere in der Gegenwart durchgesetzt. Die theoretische Begründung der formalistischen Mathematik, die Hilbert in seiner Metamathematik geben wollte, ist zwar durch die Gödelschen Resultate ebenfalls in Schwierigkeiten geraten, aber gerade diese Schwierigkeiten auf beiden Seiten haben die Entwicklung eines pragmatischen Formalismus begünstigt: man benutzt Formalisierungen der Cantorschen Mengenlehre, weil diese angeblich für die klassische Analysis unentbehrlich sei – und weil die klassische Analysis ihrerseits für andere Wissenschaften, insbesondere auch für Technik und Industrie, d.h. letztlich für das Überleben der modernen Gesellschaft, unentbehrlich sei.
Gegenüber diesem »survival value« haben alle philosophischen Skrupel zu verstummen. Es wäre doch unvernünftig, das Lebensrecht der modernen Gesellschaft in Zweifel zu ziehen, bloß weil etwa Aristoteles und Kant behauptet haben, daß Unendlichkeit für den Menschen nur potentiell, d.h. nur der Möglichkeit nach, gedacht werden könne.
Es schiene mir sehr lohnend, dem hier zugrunde liegenden Mißtrauen gegenüber philosophischen Spekulationen nachzugehen und das naive Selbstvertrauen der modernen Wissenschaft, auf dem es beruht, seinerseits philosophisch zu kritisieren – aber das würde voraussetzen, daß man bereit wäre, die erkenntniskritische Frage Kants, wie denn nichtempirische Wissenschaft überhaupt möglich sei, noch einmal in aller Ruhe und Gründlichkeit

von Anfang an, d. h. von Platon und Aristoteles an, wiederaufzunehmen.
Da ich jedoch den Eindruck habe, daß – jedenfalls unter Mathematikern – diese Bereitschaft nicht vorhanden ist, lasse ich im folgenden alle philosophische Kritik beiseite.
Statt dessen schlage ich vor, daß wir uns als Mathematiker die Frage vorlegen, ob die zu Cantors Zeiten vorgenommene Umgestaltung der klassischen Analysis, insbesondere ihre Axiomatisierung zu Anfang unseres Jahrhunderts, nicht durch eine andere Umgestaltung ersetzt werden könne, die alle mengentheoretischen Schwierigkeiten vermeidet, ohne dadurch an Nützlichkeit für die übrigen Wissenschaften zu verlieren. Lehrreich dürfte ein Vergleich mit der klassischen Arithmetik (Zahlentheorie) sein – man denke etwa an Fermat, Euler und Gauß und an ihre Umgestaltung durch Dedekind und Peano zu einer axiomatischen Theorie. Im Falle der Arithmetik ist der Grundlagenstreit in der Tat ein rein philosophischer: ob man Konstruktivist ist oder Axiomatizist, es werden dieselben mathematischen Sätze anerkannt – nur die Frage ihrer philosophischen Interpretation ist strittig.
Der Konstruktivist beginnt mit einer Konstruktion der Zahlen, indem er zunächst Ziffern konstruiert – etwa in der primitivsten Form |, ||, |||, ..., der Axiomatizist schreibt dagegen als Axiome an, daß es eine Zahl | gäbe und daß es zu jeder Zahl n eine weitere Zahl n| gäbe.
Der Konstruktivist beweist dann das Induktionsprinzip

$$A(|) \wedge \bigwedge_m . A(m) \rightarrow A(m|). \rightarrow \bigwedge_n A(n)$$

– etwa durch Angabe einer Strategie zur Verteidigung dieser Aussage –, der Axiomatizist könnte diese Angabe zwar durchaus verstehen, aber er läßt so etwas nicht als »Beweis« gelten, sondern beschränkt sich vielmehr auf das Ableiten nach den Regeln eines ein wenig unmotiviert hinzugenommenen Logikkalküls.
Wie man sieht, bleibt hier keine Differenz bestehen, wenn man großzügig über alle Wörter hinweghört und nur auf die Formeln achtet, die beim Streit an die Tafel geschrieben werden.

Wir können also feststellen, daß es für das Peano-Axiomensystem ein konstruktives Modell, eben die konstruktive Arithmetik, gibt, und – ob das nun die Axiomatizisten wahrhaben wollen oder nicht – das ist der Grund, weshalb die Konstruktivisten alle Ableitungen aus dem Peano-Axiomensystem als arithmetische Sätze anerkennen können.

Im Falle der klassischen Analysis ist die Situation ganz anders. Nehmen wir etwa das Axiomensystem, das von den reellen Zahlen fordert, daß sie einen vollständigen, archimedisch geordneten Körper bilden sollen, so tritt in dem Vollständigkeitsaxiom der Begriff einer beliebigen »Menge von reellen Zahlen« auf. Für diesen Begriff muß daher eine axiomatische Mengenlehre hinzugefügt werden. Erst dadurch entsteht eine axiomatische Theorie, die in der Sprache der elementaren Logik (also allein mit Junktoren und Quantoren) formuliert ist. Der Unterschied zur Arithmetik liegt darin, daß für solche Axiomatisierungen der klassischen Analysis kein konstruktives Modell bekannt ist.

Was ist in dieser Situation zu tun? Man kann versuchen, die Frage nach einem konstruktiven Modell als verfehlt darzustellen – das führt unvermeidlich ins Philosophieren. Man könnte statt dessen versuchen, ein konstruktives Modell zu finden – dagegen wäre nichts einzuwenden, ich selber weiß allerdings nicht, wo ich es denn suchen sollte.

Statt dessen möchte ich vorschlagen, die Fragestellung umzukehren: nicht ein konstruktives Modell für eine vorgegebene Axiomatisierung, sondern vielmehr eine Erweiterung der konstruktiven Arithmetik zu suchen, für die dann hinterher, wer will, nach passenden Axiomatisierungen suchen kann.

Es soll also im folgenden eine konstruktive Theorie skizziert werden, die an die Stelle der naiven klassischen Analysis treten könnte – und es wird dabei darauf zu achten sein, daß die konstruktive Theorie für die Physik mindestens so nützlich ist, wie es die derzeitigen axiomatischen Theorien angeblich sind.

Da bis in unser Jahrhundert die Analysis niemals eine axiomatische Theorie gewesen ist, sondern in naiver Weise konstruktiv,

sollte man erwarten dürfen, daß keine artifiziellen Konstruktionen zu ersinnen sind, sondern daß die in der Tradition der Analysis intendierten Konstruktionen nur explizit zu machen sein werden.
Für die Erweiterung der Arithmetik der natürlichen Zahlen zu einer Arithmetik der rationalen Zahlen, eventuell auch der algebraischen Zahlen, ist das bekanntlich der Fall. Ich will daher eine konstruktive Theorie der rationalen Zahlen (durch eine Äquivalenzrelation zwischen Brüchen, d. h. Paaren von natürlichen Zahlen) hier als bekannt voraussetzen.
Die Schwierigkeiten beginnen erst mit der Suche nach einer geeigneten Konstruktion von reellen Zahlen, weil gleichzeitig geeignete Mengen und Funktionen aller zu konstruierenden Zahlen mit konstruiert werden müssen. Als das zu erreichende Ziel einer Rekonstruktion der klassischen Analysis setze ich dabei den Fundamentalsatz

$$\mathrm{ID} = \Delta$$

an: Für jede einstellige differenzierbare Funktion φ ist die Derivierte $\mathrm{D}\varphi$ integrierbar, und das Integral $\mathrm{ID}\varphi$ ist die Differenz $\Delta\varphi$. Zu den differenzierbaren Funktionen sollen dabei zumindest die bekannten elementaren Funktionen gehören, von denen übrigens zu zeigen ist, daß sie in ihre Taylorreihen entwickelbar sind. Für mehrstellige Funktionen soll der Fundamentalsatz zum Stokesschen Satz verallgemeinert werden. Er schreibt sich dann mit Differentialen in der Form

$$\int \mathrm{d} = \oint,$$

d. h., für jede differenzierbare Differentialform ω ist $\mathrm{d}\omega$ integrierbar, und das Integral $\int \mathrm{d}\omega$ ist das Randintegral $\oint\omega$. Als Integrationsbereiche wird man zumindest alle stetig differenzierbaren topologischen Bilder endlicher Intervallsummen fordern müssen.
Hiermit soll nur angedeutet sein, wie weit die zu konstruierende Analysis gehen soll. Daß das Integral, das zu verwenden ist, das Riemannsche sein muß, ist durch diese Forderungen nicht fest-

gelegt – es zeigt sich im Gegenteil, daß die Forderungen mit einem volladditiven Integral leichter zu erfüllen sind.
Eine Ausführung des Programms erfordert ein ganzes Lehrbuch.[1] Ich möchte daher hier nur diejenigen Stellen aufzählen, an denen eine Abweichung von den Formulierungen der Cantorschen Mengenlehre erforderlich ist. Ich gebe die Liste der Abweichungen hier *vollständig* an, damit der Leser selber beurteilen möge, ob die Einfachheit oder Nützlichkeit der klassischen Analysis dadurch beeinträchtigt wird. Die Abweichungen treten an vier Stellen auf:

(1) beim Mengen- und Funktionsbegriff;
(2) bei der Vollständigkeit der reellen Zahlen;
(3) bei drei Sätzen über reelle Funktionen;
(4) bei zwei Sätzen über mehrdimensionale Bereiche.

Der Mengenbegriff

Während üblicherweise die Abstraktion, d.h. der Übergang von gewissen Objekten, zwischen denen eine Äquivalenzrelation besteht, zu abstrakten Objekten, derart, daß die abstrakten Objekte die gegebenen Objekte bis auf Äquivalenz repräsentieren, zurückgeführt wird auf eine Mengenbildung, nämlich die Bildung von Äquivalenzklassen, ist es hier erforderlich, umgekehrt die Mengen (und Funktionen) als abstrakte Objekte einzuführen.
Die nicht-mengentheoretische Abstraktion geschieht als eine façon de parler: man beschränkt sich in den Aussagen über die gegebenen Objekte auf invariante Aussagen; die Gültigkeit der Aussage soll invariant gegenüber der Ersetzung eines Objektes durch ein äquivalentes sein. Man formuliert dann die invarianten Aussagen so, als ob sie Aussagen über neue, eben die abstrakten Objekte wären.

1 Vgl. Paul Lorenzen, *Differential und Integral. Eine konstruktive Einführung in die klassische Analysis*, Frankfurt a.M. 1965.

Als einfachstes Beispiel seien die rationalen Funktionen mit rationalen Zahlen als Argumenten genannt. Sind r, s, ... Variable für rationale Zahlen, so lassen sich rationale *Terme*

$$\frac{a_0 + a_1 r + a_2 r^2 + \ldots}{b_0 + b_1 r + b_2 r^2 + \ldots}$$

konstruieren. Zwei Terme S(r) und T(r) heißen äquivalent, wenn S(r) = T(r) für alle r gilt. Wir sagen von äquivalenten Termen, daß sie dieselbe (rationale) Funktion darstellen: Funktionen sind Termabstrakta.

Mengen rationaler Zahlen werden entsprechend als Abstrakta aus Formeln (d.h. Aussageformen) konstruiert.

Als Grundformeln haben wir zunächst Termgleichungen S = T und gewinnen weitere Formeln durch Zusammensetzung mit den logischen Partikeln: $\wedge, \vee, \rightarrow, \neg, \bigwedge_r, \bigvee_r$.

Zwei Formeln A(r) und B(r) heißen äquivalent, wenn gilt:

$$\bigwedge_r \cdot\ A(r) \rightarrow B(r)$$

Wir sagen von äquivalenten Formeln, daß sie dieselbe Menge darstellen. Wir formulieren eine invariante Aussage über die Formel A(r) als eine Aussage über die Menge $\varepsilon_r A(r)$.

Speziell wird die $\in$-Relation definiert durch:

$$s \in \varepsilon_r A(r) \leftrightharpoons A(s)$$

Was für Mengen es gibt, hängt demnach von unserer Konstruktion von Aussageformen ab. Um weitere Grundformeln zu bekommen, lassen sich induktive Definitionsschemata verwenden. Für die Zwecke der Analysis ist z.B. ausreichend das folgende Schema zur induktiven Definition einer mehrstelligen Menge M (d.h. einer Relation):

$$1,\ x \in M \leftrightarrow A(x)$$
$$n+1,\ x \in M \leftrightarrow B_M(n, x)$$

in der x eine Variable für irgendwelche Objekte ist. Die Formel $B_M(n, x)$ darf nur Teilformeln s, T $\in$ M mit $s \leq n$ enthalten. Unter dieser Bedingung ist ersichtlich für jedes n eindeutig eine

Formel C(x) zu konstruieren, die äquivalent zu n, x ∈ M ist, d.h., M ist durch das Schema induktiv definiert.
Für die Analysis genügt es, diese Minimalforderungen (Zulassung der logischen Partikeln und der induktiven Definitionen) an die zu konstruierenden sprachlichen Mittel zu stellen. Es ist nicht erforderlich, festzulegen, daß damit die Konstruktion einer Sprache abgeschlossen sein soll. Jede abgeschlossene Konstruktion liefert ja nur abzählbar viele Formeln, sie könnte also nach dem Cantorschen Diagonalverfahren durch induktive Definition einer Abzählung aller Formeln erweitert werden. Rechnet man zur Potenzmenge, etwa zur Potenzmenge der Menge der natürlichen Zahlen, alle »überhaupt möglichen« Mengen von natürlichen Zahlen, so ist diese Potenzmenge durch keine Konstruktion einer Sprache zu erhalten. Die Potenzmenge ist daher kein Objekt einer konstruktiven Theorie. Trotzdem lassen sich unbedenklich Aussagen über alle ihre Elemente, also über alle Mengen M von natürlichen Zahlen, formulieren, z.B. für alle Mengen M: $1 \in M \wedge \bigwedge_m . m \in M \rightarrow m+1 \in M. \rightarrow \bigwedge_n n \in M.$
Für die Gültigkeit dieser Aussage braucht man nicht zu wissen, mit welchen sprachlichen Mitteln die Menge M darstellbar ist. Da der Quantor »für alle Mengen« sich hier nicht auf einen abgeschlossenen (konstruierbaren) Variabilitätsbereich bezieht, heiße der Quantor ein *indefiniter* Quantor.
Auch die Allgemeinheit logischer Sätze, etwa

$$A \wedge B \rightarrow A \vee B,$$

läßt sich nur durch einen indefiniten Quantor »für alle Aussagen A, B« formulieren.
Der mengentheoretische Satz

$$M \cap N \subseteq M \cup N \text{ für alle Mengen } M, N$$

ist nur eine andere Formulierung des logischen Satzes.

Reelle Zahlen

Zur Definition der reellen Zahlen kann man nach Cauchy Folgen rationaler Zahlen benutzen, die konzentriert sind. Eine Folge rationaler Zahlen ist dabei zu definieren als eine Funktion, deren Argumente die natürlichen Zahlen sind und deren Werte rational sind. Jede Folge muß also durch einen Term T(n) darstellbar sein. Wenn wir von *allen* Folgen sprechen, benutzen wir einen indefiniten Quantor – in den darstellenden Termen sollen aber keine indefiniten Quantoren vorkommen: die Terme sollen definit sein.
Bezeichnen wir mit r_* die Folge, deren Glieder $r_1, r_2, \ldots$ sind, so heißt r_* konzentriert, wenn gilt:

$$\bigwedge_{\varepsilon} \bigvee_{N} \bigwedge_{n_1,n_2>N} |r_{n_1} - r_{n_2}| < \varepsilon$$

Hierin ist ε eine Variable für positive rationale Zahlen.
Zwei konzentrierte Folgen r_*, s_* heißen äquivalent, wenn die Differenzfolge $r_* - s_*$ eine Nullfolge ist. Die durch Abstraktion bezüglich dieser Äquivalenzrelation entstehenden abstrakten Objekte werden *reelle Zahlen* genannt. Die aus r_* abstrahierte reelle Zahl werde mit $\lim r_*$ bezeichnet.
Werden $\xi, \eta, \ldots$ als Variable für reelle Zahlen benutzt, so ist zu beachten, daß »für alle ξ« jetzt ein indefiniter Quantor ist. Ein solcher Quantor darf also nicht in dem darstellenden Term einer reellen Zahl, d. h. ihrer konzentrierten Folge, vorkommen. Um die indefiniten Quantoren gegenüber den definiten Quantoren (deren Variabilitätsbereich konstruierbar ist) kenntlich zu machen, sei daher im folgenden $\mathop{\bigwedge\mkern-15mu\bigwedge}_{\xi}$ anstelle von $\bigwedge_{\xi}$ geschrieben, entsprechend $\mathop{\bigvee\mkern-15mu\bigvee}_{\xi}$ anstelle von $\bigvee_{\xi}$.
Eine reelle Folge ξ_* besteht aus Gliedern $\xi_m = \lim r_{m*}$. Es muß also eine Doppelfolge von Gliedern $r_{m,n}$ durch einen 2stelligen Term T(m, n) dargestellt sein. Wenn dieser Term definit ist, heiße auch die reelle Folge definit. Es gilt dann das Cauchysche Konvergenzkriterium: Zu jeder *definiten* konzentrierten Folge reeller Zahlen gibt es eine reelle Zahl als Limes. Der übliche

Beweis zeigt in der Tat, wie die Limeszahl durch einen *definiten* Term dargestellt werden kann.
Die Vollständigkeit verlangt die Existenz einer oberen Grenze für nichtleere, beschränkte Mengen M reeller Zahlen. Will man nach dem üblichen Beweis eine rationale Folge r_* mit der oberen Grenze als Limes konstruieren, so hat man zu setzen:

$$r_n = \frac{T(n)}{n} \text{ mit } T(n) = \mu_m \underset{M}{\bigwedge\!\!\!\bigwedge}{}^{\xi}\ \xi \leq \frac{m}{n}$$

Es ist deutlich zu sehen, daß hier ein indefiniter Term auftritt. Der Vollständigkeitssatz wird also einzuschränken sein. Eine einfache Möglichkeit ist die folgende: Wir betrachten zu der Menge M von reellen Zahlen (diese ist durch eine Aussageform über gewisse Terme dargestellt) die Unterklasse, d.h. die Menge $\varepsilon_r \underset{M}{\bigvee\!\!\!\bigvee}{}^{\xi}\ r < \xi$. Wir haben hier eine indefinite Darstellung dieser Unterklasse vor uns. Aber es mag Fälle geben, in denen diese Unterklasse auch eine definite Darstellung gestattet. Dann heiße die Unterklasse selber definit.
Der übliche Beweis liefert dann ohne Schwierigkeit den folgenden *Vollständigkeitssatz:* Jede nichtleere beschränkte Menge mit *definiter* Unterklasse hat eine obere Grenze.
Danach ist zu zeigen, daß diese Einschränkung für den weiteren Ausbau der klassischen Analysis keine Rolle spielt, weil die einschränkende Bedingung der definiten Unterklasse in den erforderlichen Fällen erfüllt ist.
[...]
Abgesehen davon, daß überall der Unterschied zwischen definiten und indefiniten Quantoren zu beachten ist, sind nur wenige Abweichungen von den z. Z. üblichen Darstellungen erforderlich, nämlich nur bei 5 Lehrsätzen.
Mir scheint, daß daher festgestellt werden darf, daß die Cantorsche Mengenlehre mit ihrer Theorie der unendlichen Kardinalzahlen für die gesamte *klassische* Analysis entbehrlich ist. Nun hat man aber in der *modernen* Analysis seit Cantor viele Sätze erdacht, die von den unendlichen Kardinalzahlen explizit Gebrauch machen. Hier wird also zu überlegen sein, ob es nicht ein

Gewinn wäre, in Zukunft auf diese Sätze zu verzichten. Für alle Anwendungen spielen diese jedenfalls – soweit mir bekannt ist – keine Rolle. Der »survival value« der konstruktiven Mathematik ist also nicht geringer als der der axiomatischen Mathematik – im Gegenteil kommt bei der konstruktiven Mathematik der Vorteil hinzu, daß der Mathematiker hier *verstehen* kann, was er tut (weil er hier seine Gegenstände – philosophisch gesprochen – selber hervorbringt).

Die drei mathematischen Grunddisziplinen der Physik

Selbst wenn heute vielerlei Anlaß besteht, kritisch bis pessimistisch auf unsere wissenschaftlich-technische Kultur zu blicken, nur ein Dummkopf könnte der Entstehung der modernen Physik seit Galilei über Newton, Lagrange, Maxwell bis Einstein und Heisenberg seine Bewunderung versagen. Selbst die griechische Geometrie von Thales über Eudoxos und Euklid bis Archimedes verblaßt in ihrem Glanze, wenn man sie mit der neuzeitlichen Physik vergleicht.

Darüber hinaus ist es ein unbestreitbares Faktum der Physikgeschichte, daß die größten Leistungen der Physik von Forschern vollbracht sind, die nicht an einen technischen Nutzen physikalischer Theorien dachten, sondern die allein um der Erkenntnis der Natur willen forschten. Bis in die Gegenwart ist deutlich, daß die Erkenntnis der Natur als Selbstzweck auch dadurch ausgedrückt wird, daß man zur Ehre Gottes forscht, denn die Natur ist ja sein Werk – oder daß man allein um der Schönheit willen forscht, denn die Natur ist ein wohlgeordneter Kosmos.

Wie immer man es ausdrückt, die gewöhnliche Rangordnung, also die Rangordnung der Menschen »draußen in unserem Lande«, wie man heute sagt, diese Rangordnung, die von Problemen der technischen Praxis ausgeht, dazu notfalls Ingenieure heranzieht, die dann ihrerseits Physiker und – im äußersten Notfalle – Mathematiker als Theoretiker heranziehen, diese Rangordnung ist gerade die Umkehrung des faktischen Selbstverständnisses der neuzeitlichen Mathematiker und Physiker.

Dort steht die Mathematik als reinste Wissenschaft obenan, und es folgen – immer etwas angewandter, also »schmutziger« werdend – die Physik und dann die Ingenieurwissenschaften bis herunter zur technischen Praxis. Ich zitiere z. B. aus einem Brief aus dem Jahre 1915 zum 70. Geburtstag von Georg Cantor, der von Carathéodory im Namen der Göttinger Mathematischen Gesellschaft geschrieben wurde: »Wir [...] wollen Ihnen den so lang geschuldeten Dank [...] am heutigen Tage aussprechen [...], denn durch Ihre Arbeit ist uns ein Grund bereitet worden, auf dem jeder bauen muß, der Sicheres und Dauerndes schaffen will. [...] Wer in Ihre Lehre einzudringen getrachtet hat, der hat etwas an sich Erhabenes geschaut, das seinen unermeßlichen Wert in sich selbst trägt [...].«

Das Pathos, in dem sich hier die reine Theorie – es handelt sich um die Cantorsche Mengenlehre – in sich und an sich absolut setzt, mag manchem heute, 60 Jahre später, etwas hohl klingen. Hat man als Alternative aber nur eine Praxis, die sich absolut setzt, in der also alle Theorie unmittelbar den Menschen, wie sie jetzt sind, nützlich sein soll – ja, dann ist es müßig, darüber zu streiten, was schlechter ist: praxisferne Theorie oder theorieferne Praxis.

Denn das Ziel einer theoriegestützten Praxis, in der insbesondere Theorie zur Stützung zukünftiger Praxis dient, dieses Ziel wird in beiden Fällen verfehlt, ob sich nun Theorie oder Praxis absolut setzt. Am Beispiel der Mathematik möchte ich im folgenden zeigen, wie sich Theorien im Gesamtzusammenhang theoriegestützter Praxis begreifen lassen.

Die Mathematik in ihrer Vielfalt soll also in eine kritisch zu durchdenkende Praxis eingeordnet werden. Für die Zwecke dieses Vortrages vereinfache ich dazu die Vielfalt der Mathematik derart, daß sie wie ein irreales Lebewesen erscheint mit einem großen Körper, einem schwach entwickelten Fuß und zwei verschieden entwickelten Köpfen (s. Darst. S. 70):

Der Körper ist die Arithmetik, d.h. die Lehre von den Zahlen einschließlich der Arithmetik der reellen Zahlen, die man seit Euler »Analysis« nennt. Dieser Körper hat als Fuß nur die Logik. Die beiden Köpfe sind Kinematik und Stochastik (also die Wahrscheinlichkeitstheorie). Die Kinematik enthält als Teile: Geometrie und Chronometrie. Zusammen mit der Stochastik sind das die drei im Titel genannten Grunddisziplinen der Physik: die Lehren von Raum, Zeit und Zufall.

Wie ordnet sich dieses irreale Lebewesen in eine kritische Praxis ein? Ich beginne mit der Arithmetik.

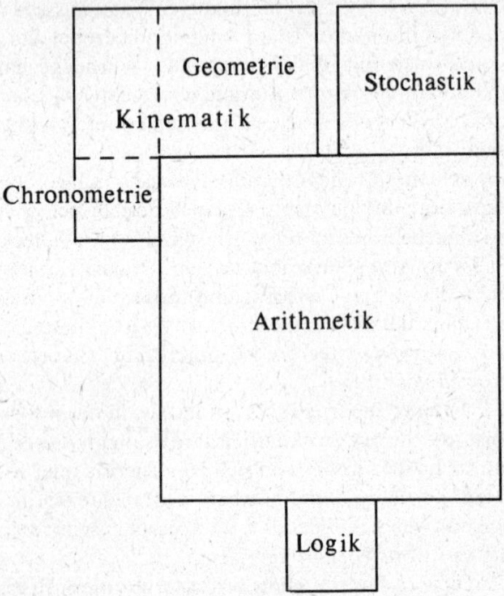

Das Zählen mit Zählzeichen wie I, II, III, ... ist noch keine Theorie, sondern ist – schon seit der älteren Steinzeit – geläufige Praxis. Zumindest altorientalisch sind auch die Regeln, nach denen man mit solchen Grundzahlen m, n, ... rechnet, also die Regeln für Addition und Multiplikation. Daß dabei z. B. m · n stets zum selben Resultat wie n · m führt, das weiß jeder. Wie man das beweist, das wissen dagegen selbst Mathematikstudenten in höheren Semestern leider nur selten. Für solche Beweise braucht man ein Minimum an Logik – das ist wohl die Schwierigkeit.

Vorzügliche Kenntnisse haben die Studenten aber gegenwärtig in axiomatischen Strukturen. Dadurch gerät fast in Vergessenheit, daß in der Arithmetik alle axiomatischen Theorien nur ein Beweisinstrument sind: *vor* der Definition axiomatischer Strukturen hat man arithmetische Gebilde – man nennt sie gern »konkret« –, die es zu untersuchen gilt. Man wählt die Axiome so, daß sie diese Gebilde als Modelle haben. In der Arithmetik rangieren die konkreten Modelle stets *vor* den axiomatischen Strukturen. Nur gewisse Grundlagenprobleme der klassischen Logik einerseits, der klassischen Analysis andererseits haben diese Rangordnung fast unsichtbar gemacht. Seit es axiomatische Mengenlehren gibt, meinen viele, die Rangordnung habe sich umgekehrt. Man meint sogar, die Arithmetik der Grundzahlen selbst sei nichts als eine axiomatische Theorie – und man benutzt dazu die Peano-Axiome. Obwohl Gödel schon 1931 bewiesen hat, daß es keine Axiomatisierung der Arithmetik gibt, die alle wahren arithmetischen Sätze durch logische Deduktion aus den Axiomen liefert, tut man weiterhin so, als ob die axiomatische Methode alleinseligmachend sei. In einer axiomatischen Theorie konstruiert man aber die Gegenstände der Theorie nicht, sondern benutzt nur Variable, z. B. x, y, ... für die Gegenstände. Das hat zur Folge, daß ein Allsatz $\bigwedge_x A(x)$ in einer axiomatischen Theorie nur dadurch bewiesen werden kann, daß vorher die Formel A(x) mit der freien Variablen x aus den Axiomen deduziert wird. Es gibt nun aber keine logische Regel, die die »freie« Formel A(x) aus den unendlich vielen Prämissen A(I), A(II), A(III), ... zu deduzieren gestattet. In einer axiomatisierten Arithmetik weiß man ja nicht, daß I, II, III, ... *alle* Zahlen sind. In der Arithmetik selbst – ohne die axiomatische Methode, man nennt das dann »konstruktive« Arithmetik – weiß man das aber per constructionem: aus den unendlich vielen Prämissen A(I), A(II), A(III), ... folgt arithmetisch (aber nicht logisch) sofort $\bigwedge_x A(x)$.

Gödel hat gezeigt, wie man für jede Axiomatisierung der Arithmetik (die zumindest Addition und Multiplikation erfaßt) eine Formel A(x) finden kann, so daß zwar alle A(I), A(II), ... deduzierbar sind, der Allsatz $\bigwedge_x A(x)$ aber nicht deduzierbar ist. An der Wahrheit von $\bigwedge_x A(x)$ besteht dadurch aber keinerlei Zweifel. Nun ja, vorausgesetzt, daß die Axiome arithmetisch wahre Sätze sind – und vorausgesetzt, daß die Logik »konsistent« ist, d. h. stets von wahren Sätzen zu wahren Sätzen führt.

Hier war zur Zeit der Gödelschen Untersuchungen die »Konsistenz« der Logik tatsächlich ein Problem. Dieses Problem wurde der Sache nach 1936 von Gentzen gelöst – neuerdings kann man die erforderlichen Konsistenzbeweise sehr viel einfacher haben, aber das hat sich bei den Mathematikern noch nicht herumgesprochen.

Ich kann auf die konstruktive Begründung von Logik und Arithmetik hier nicht näher eingehen. Nur eine Bemerkung zur Analysis ist wohl erforderlich. Von der Arithmetik der Grundzahlen gelangt man durch Konstruktion zu den ganzen und den rationalen Zahlen. Durch Konstruktion von Cauchy-Folgen oder von Dedekindschen Schnitten gelangt man zu den reellen Zahlen. Wie schon Poincaré 1906 gezeigt hat, gerät man hier in Definitionszirkel, wenn man nicht berücksichtigt, daß die Konstruktion der Folgen oder Schnitte von den sprachlichen Mitteln abhängt, die man für die darstellenden Terme oder Formeln verwendet.

Eine Axiomatisierung, wie sie zuerst 1908 von Zermelo vorgeschlagen wurde, ist nur eine Scheinlösung: sie kann nach Gödel nicht vollständig sein – und hier ist es ohne eine vorherige Konstruktion reeller Zahlen noch nicht einmal sinnvoll, überhaupt danach zu fragen, ob die Zermeloschen Axiome wahre Sätze sind. Also verbietet man diese Frage – das ist dann dogmatischer Axiomatizismus.

Auf diese Kontroverse zwischen konstruktiver und axiomatischer Analysis kann ich hier nur hinweisen – ich hoffe, daß auf die axiomatische Methode ein neues Licht fallen wird, wenn wir jetzt über Logik und Arithmetik hinausgehen.

Nach einer alten Arbeitsteilung zwischen Mathematikern und Physikern gehören jedenfalls Geometrie und Stochastik auch noch zur Mathematik, sozusagen zur Mathematik im weiteren Sinne – wenn man Arithmetik als Mathematik im engeren Sinne bezeichnet.

Für die Chronometrie ist die Arbeitsteilung ungeklärter. Sie liefert zusammen mit der Geometrie die Kinematik. Diese gilt häufig nur als Teil der Mechanik – und diese wiederum gehört gegenwärtig eindeutig zur Physik.

Das war aber im 19. Jahrhundert noch anders – und z. B. in Harvard wurde bis 1940 »Mechanics« noch vom Department of Mathematics gelesen.

Für die strittige Arbeitsteilung zwischen Mathematik und Physik möchte ich im folgenden zugleich dafür plädieren, daß Kinematik und Stochastik zur Mathematik gerechnet werden – nur das, was zur Mechanik gehört, angefangen vom Massebegriff, und alles weitere wie Gravitationstheorien, Elektrodynamik usw. sollte dagegen zur Physik gehören.

Als Grund für diese Teilung genügt meines Erachtens, daß Geometrie, Chronometrie und Stochastik Idealwissenschaften sind – Physik ist dagegen eine Realwissenschaft.

Ideal vs. real – das sind die traditionellen Termini. Die Schwierigkeit, eine klare Arbeitsteilung zwischen Mathematik und Physik zu begründen, liegt gerade darin, daß unklar ist, welche Unterscheidung mit diesen Termini »ideal« und »real« gemacht wird, gemacht werden sollte.

So wie man über die Mathematik im engeren Sinne hinausgeht, also über die Arithmetik mit ihren Regeln, nach denen sie ihre Symbole selber konstruiert, so wie man zu Raum, Zeit oder Zufall übergeht, ist man nicht mehr nur bei den eigenen Symbolen, sondern man hat es dann mit realen Gegenständen zu tun, z. B. mit Maßstäben, mit Uhren oder mit Würfeln. Das Problem, einige Wissenschaften außerhalb der Arithmetik und Logik als Idealwissenschaften vor den übrigen Realwissenschaften auszuzeichnen, das ist das Problem, das wir vor uns haben.

Häufig wird diese Auszeichnung als bloß traditionell angesehen – das führt dann dazu, die Mathematik auf Arithmetik zu reduzieren. Alles übrige sei im gleichen Sinne Realwissenschaft – und gehöre also zur Physik.

Statt hierüber im allgemeinen hin und her zu reden, möchte ich im folgenden an den drei Grunddisziplinen zeigen, wie sie sich aus der Praxis begründen lassen. Diese Begründung wird dann zugleich zeigen, wodurch sich diese Disziplinen vor den physikalischen Disziplinen (Mechanik, Gravitationstheorien usw.) auszeichnen.

Stochastik

Ich beginne mit der Stochastik als der Lehre vom Zufall. Hier handelt es sich darum, den Wahrscheinlichkeitsbegriff zu definieren – und zu zeigen, wie man Aussagen über Wahrscheinlichkeiten begründen kann, wie man also zu einer Wahrscheinlichkeitstheorie kommen kann. Ich nehme die Stochastik voraus, weil der technische Aufwand, den man für eine sie begründende Praxis braucht, am kleinsten ist. Man braucht ja noch nicht einmal Würfel (also geometrische Figuren), es genügt, in einer Urne Kugeln hinreichend gut mischen zu können. Das Resultat einer Ziehung aus einer gutgemischten Urne ist »zufällig«. Warum nennt man die Ziehungsresultate »zufällig«? Nun, das Mischen und anschließende Ziehen einer Kugel ist eine geläufige Praxis. Man sorgt dafür, daß

1. als Resultat genau eine der Kugeln gezogen wird,
2. die Resultate *vor* dem Ziehen durch kein Wissen unterscheidbar sind,
3. nach Zurücklegen der Kugel und guter Mischung für den nächsten Zug wieder 1. und 2. gelten.

Die eingeübte Praxis rechtfertigt es, Forderungen an das Mischen und Ziehen zu stellen: nur wenn diese Forderungen, diese Normen, hinreichend erfüllt sind, heißen die Resultate »zufällig«.

Die hinreichende Erfüllung der Normen mag technisch schwierig sein, z. B. sind die Roulette-Geräte der Spielbanken ziemlich teuer – aber nur die Formulierung von Normen macht die Herstellung immer besserer sogenannter Zufallsgeneratoren sinnvoll.

Allgemein formuliert, soll die Benutzung eines Zufallsgenerators sein:

1. eindeutig,
   d. h. genau eines von endlich vielen Resultaten $R_1, \ldots, R_n$ liefern
2. symmetrisch,
   d. h., *vor* der Benutzung ist kein Resultat von den anderen durch unser Wissen auszeichenbar,
3. wiederholbar,
   d. h., nach Benutzung ist das Gerät wieder in den früheren Zustand zu bringen.

Die Normen für Zufallsgeneratoren sagen noch nichts über Zahlen aus, die man als »Wahrscheinlichkeiten« den Resultaten zuordnen kann. Man könnte aufgrund der Symmetrie nur begründen, daß die »Wahrscheinlichkeiten« für die Resultate gleich sein müßten. Für eine Serie von Resultaten eines Zufallsgenerators Z läßt sich aufgrund der Wiederholbarkeit aber die deskriptive Statistik verwenden: man bestimmt die Häufigkeit des Eintreffens eines Resultats in einer Serie. Die Resultatserien der Länge L sind selbst Resultate eines Zufallsgenerators, den man mit Z^L bezeichnet. Schon Bernoulli hat in seiner *Ars Conjectandi,* die 1714 erschien, gezeigt, daß die deskriptive Statistik der Serien rechtfertigt, für die Resultate selbst eine »Wahrscheinlichkeit« dadurch zu definieren, daß man für die sogenannten Ereignisse im Resultatraum, also für die Teilmengen E von $\{R_1, \ldots, R_n\}$, eine Zahl w(E) definiert, die

1. wie die Häufigkeit der deskriptiven Statistik normiert und additiv ist,
2. für die Resultate $R_1, \ldots, R_n$ die Gleichungen $w(R_1) = w(R_2) = \ldots = w(R_n)$ erfüllt.

Zur Begründung der 1. Forderung ist zu beweisen, daß die Häufigkeiten $h_L(E)$ eines Ereignisses E in den Serien von Z^L mit wachsendem L »stochastisch« gegen w(E) konvergieren, daß also die Wahrscheinlichkeiten aufgrund dieser Definition tat-

sächlich Limites von Häufigkeiten sind. Die Pointe dieses Bernoullischen Gesetzes der großen Zahlen liegt darin, daß nur bewiesen wird, daß die Wahrscheinlichkeiten in Z^L dafür, daß $|h_L(E) - w(E)| < \varepsilon$ ist, mit wachsendem L gegen 1 konvergieren. Dieser Satz, der die Wahrscheinlichkeitsdefinition schon benutzt, rechtfertigt die Definition der Wahrscheinlichkeiten als Häufigkeiten.
Hier liegt – ausnahmsweise – aber kein Definitionszirkel vor. Die Hinzunahme sogenannter geometrischer Wahrscheinlichkeiten, wo die Resultate Punkte des n-dimensionalen Zahlenraums sind, bringt nur die Komplikation mit sich, daß im Resultatraum die Ereignisse eine σ-Algebra bilden müssen. Das wird nur arithmetisch komplizierter.
Für die Zufallsgeneratoren erhalten wir dadurch per definitionem symmetrische Wahrscheinlichkeitsfelder: Laplace- oder Lebesgue-Felder. Die Aufgabe der Stochastik läßt sich anschließend so formulieren: Es sind die Wahrscheinlichkeitsfelder zu berechnen, die sich durch »Aggregation« aus den Zufallsgeneratoren bilden lassen. Zufallsaggregate werden dabei nach v. Mises gebildet durch

1. Koppelung (sog. Multiplikation),
2. Mischung (sog. Vergröberung),
3. Relativierung.

Nach Kolmogorow werden auch

4. stochastische Prozesse

zur Aggregation zugelassen: man erhält auf diese Weise aus den ursprünglich symmetrischen Wahrscheinlichkeitsfeldern immer wieder Wahrscheinlichkeitsfelder (die aber im allgemeinen nicht mehr symmetrisch sind).
In den statistischen Anwendungen der Stochastik geht es dann darum, Häufigkeiten als Resultate eines *unbekannten* Zufallsaggregats zu erklären bzw. vorauszusagen. Man braucht dazu sogar nur das zugehörige Wahrscheinlichkeitsfeld. Über das Zufallsaggregat enthält man sich – frei nach Newton – aller Hypothesen.

Wie man sieht, ist das alles Arithmetik – nur in den normativen Begriffen der Zufallsgeneratoren und ihrer Aggregationen geht man über die Arithmetik hinaus. Diese normativen Begriffe gründen sich ihrerseits auf die vorgängige Praxis der Herstellung und Verwendung von Zufallsgeneratoren. Diese Praxis wird in der Stochastik auf Begriffe gebracht. Weil das normative Begriffe sind, spricht man hier von einer »Idealwissenschaft«. Das ist das erste Beispiel für die Unterscheidung ideal vs. real. Ein zweites Beispiel liefert die Chronometrie.

Chronometrie

Der normative oder ideale Charakter wird noch deutlicher, wenn es darum geht, die Praxis der Uhrmacher, also die Praxis der Zeitmessung, auf den Begriff zu bringen. Im Gegensatz zur Stochastik ist es technisch sehr viel aufwendiger, ein Gerät herzustellen, das einen »gleichförmigen« Gang hinreichend gut realisiert. Jahrtausende hat man sich daher mit der rotierenden Erde als »natürlicher« Uhr begnügt.

Welche Norm ist zu erfüllen, wenn man »gleichförmigen« Gang fordert? Wie seit den Räderuhren des Mittelalters üblich, beschränke ich mich hier auf Geräte, die einen Vorgang sich immer wieder wiederholen lassen. Man zählt die Vorgänge etwa, wie bei den modernen Digitaluhren, mit einem Zählwerk.

Wie kontrolliert man, daß das Zählwerk »gleichförmig« geht? Diese Kontrolle ist technisch einfach: man vergleicht das Gerät mit einer Kopie des Gerätes.

Die Herstellung mag schwierig sein, aber wenn man ein Gerät herstellen kann, kann man auch Kopien herstellen. Das ist analytisch wahr – weil man sonst nicht von der technischen Herstellbarkeit reden würde. Zur Kontrolle auf Gleichförmigkeit vergleicht man nun nicht nur den Gang von zwei Geräten von der Anfangsstellung der Zählwerke, sondern von beliebigen Stellungen der Zählwerke aus.

Ist ein Gerät ganggleich mit seinen Kopien von beliebigen Stellungen aus, so möge das Gerät eine *Uhr* heißen. Diese Definition geht auf die *Protophysik der Zeit* von Janich zurück. Sie klingt zunächst willkürlich – als ob dadurch die Zeitmessung von dem als Uhr gewählten Gerätetyp abhängig würde. Janich konnte aber beweisen, daß diese Uhrendefinition eine Zeitmessung bis auf Skaleninvarianz, also bis auf die Maßeinheit, eindeutig bestimmt.

Dazu ist nämlich nur zu zeigen, daß je zwei Uhren beliebigen Typs konstantes Gangverhältnis haben.

Es seien G_1, G_2 zwei Geräte eines Typs, so daß also für je zwei Stellungen α, β gilt, daß G_1^α und G_2^β ganggleich sind. G_3, G_4 seien zwei Geräte eines anderen Typs und für je zwei Stellungen γ, δ seien wieder G_3^γ und G_4^δ ganggleich. Für das Gangverhältnis $G_1^\alpha : G_3^\gamma$ folgt daraus sofort, daß es mit dem Gangverhältnis $G_2^\beta : G_4^\delta$ übereinstimmt. Und folglich sind diese Gangverhältnisse konstant.

Nur dieser Eindeutigkeitsbeweis rechtfertigt, von einer Zeitmessung zu reden, ohne sich auf einen Gerätetyp (oder einen natürlichen periodischen Vorgang) zu beziehen.

Die Norm der Gleichförmigkeit, aus der die Eindeutigkeit folgt, gründet ihrerseits in der erfolgreichen Praxis der Uhrmacher. Die Chronometrie als Theorie beginnt erst mit der Formulierung der Norm – sie ist deshalb wieder eine Idealwissenschaft.

Zusammen mit der Geometrie entsteht aus der Chronometrie die Kinematik. Diese definiert Bewegungsformen wie die gleichförmige oder die gleichmäßig beschleunigte Bewegung eines Punktes z. B. auf einem Kreis. Nach den bisherigen Fällen von Idealwissenschaften kommen wir damit zum dritten Fall, der Geometrie.

Geometrie

Für die Geometrie als Idealwissenschaft eine Begründung zu geben ist viel langwieriger als im Falle der Stochastik oder Chronometrie. Das ist zu erwarten, denn aus der Geschichte der Geometrie ist ja bekannt, daß es rund 300 Jahre von Thales bis Euklid gedauert hat, bis zum ersten Mal die Geometrie einschließlich der schwierigen Parallelentheorie als axiomatische Theorie formuliert werden konnte. Sie ist seitdem das Paradigma axiomatischer Theorien geworden – aber erst seit dem vorigen Jahrhundert wissen wir, daß die Euklidische Axiomatisierung nur eine Notlösung war. Euklid nimmt in Buch I die Größengleichheit von Strecken als Grundbegriff – und er verwendet dafür gelegentlich auch das Wort »ἐφαρμόζειν«, das ›aufeinander passen‹ bedeutet; lateinisch wird daraus die Kongruenz.

Die Kongruenzaxiome für Strecken gelten nicht nur in der Ebene, sondern z.B. auch in der Sphäre, d.h. auf der Kugeloberfläche. Die sogenannte Entdeckung der nicht-euklidischen Geometrie läßt sich auch so ausdrücken, daß im vorigen Jahrhundert weitere Flächen, die Pseudosphären, entdeckt wurden, auf denen ebenfalls die Euklidischen Kongruenzaxiome gelten. Auf den Pseudosphären gibt es sogar – wie in der Ebene – Strecken beliebiger Länge.

Um die Ebene auszuzeichnen, braucht man über die Kongruenzaxiome hinaus ein weiteres Axiom: das Parallelenaxiom. Man darf wohl vermuten, daß Euklid diese Rolle seines Parallelenaxioms so verstanden hat (auch ohne Kenntnis der Pseudosphären).

In seinem Buch XI benutzt er aber für die Kongruenz von Körpern eine andere Definition, nämlich »formgleich und größengleich«. Statt »formgleich« sagt man hier meistens »ähnlich« – es handelt sich aber um eine genaue Gleichheit der Form. Euklid greift hier auf eine vor-euklidische Tradition zurück.

Ohne aber auf die Vorgeschichte der euklidischen Geometrie eingehen zu müssen, kann man sofort sehen, daß Euklid statt der Kongruenz als Grundbegriff auch die Formgleichheit als Grundbegriff hätte wählen können. Die Größengleichheit kann nämlich mit Hilfe der Formgleichheit definiert werden. Dazu genügen elementare Schulkenntnisse. Geht man davon aus, daß der rechte Winkel eine Form ist (d. h. daß alle rechten Winkel formgleich sind), dann ist zunächst die Parallelität von Geraden durch Formgleichheit definierbar, nämlich durch die Existenz einer gemeinsamen Orthogonale. Für das dadurch definierbare Parallelogramm definiert man gegenüberliegende Seiten als »größengleich«. Ist das Parallelogramm ein Rhombus, d. h., sind die Diagonalen orthogonal, dann definiert man auch die benachbarten Seiten als »größengleich«. Schließlich heißen zwei beliebige Strecken größengleich, wenn sie zu einer dritten Strecke als Seiten eines Parallelogramms oder eines Rhombus größengleich sind. Daß die so definierte Größengleichheit eine Äquivalenzrelation ist, muß dann bewiesen werden – und es müssen dann auch die Kongruenzaxiome bewiesen werden.

Das ist das Programm einer allein auf den Formbegriff begründeten Geometrie, einer »Formentheorie«, wie ich kurz sagen möchte. Wie läßt sich eine solche Formentheorie begründen? Woher bekommen wir erste Sätze für sie, wenn die Euklidischen Kongruenzaxiome nicht mehr zur Verfügung stehen?

In der Geschichte der nicht-euklidischen Geometrien findet man auf diese Fragen keine Antwort, weil hier immer die Euklidischen Kongruenzaxiome (oder äquivalente Axiome über »Bewegungen«) vorausgesetzt sind.

In der wissenschaftstheoretischen Reflexion auf die Geometrie, speziell die Längenmessung, gibt es aber von Mach (1905) und dann von Dingler seit 1911 den Hinweis auf die Herstellungspraxis geometrischer Formen, wie der Ebene und des rechten Winkels. Erst in den letzten Jahren ist dieser Hinweis von Janich und Inhetveen zu einer eigenen Theorie, einer Protogeometrie, ausgearbeitet worden. Bringt man nämlich die Formungspraxis auf Begriffe, so erhält man die Möglichkeit, die Ebene und den rechten Winkel als Formen zu definieren –

und damit die Möglichkeit, die Sätze der euklidischen Geometrie als Sätze einer Formentheorie zu beweisen.
Im Unterschied zur Stochastik und Chronometrie erfordert die Begründung der Geometrie ein eigenes Stück Theorie, das die vorgängige Formungspraxis auf Begriffe bringt. Dieses der Geometrie vorangehende Stück Theorie ist die »Protogeometrie«.
Bei der Herstellung geometrischer Formen geht man von Körpern aus, und man bearbeitet zunächst ein Stück der Oberfläche. Zerschneidet man ein Holzstück, so erhält man z. B. zwei Oberflächenstücke, die sich so in Berührung bringen lassen, daß sie aufeinander passen. Bei der Metallbearbeitung formt man Werkstücke als Abdruck einer Schablone. Durch die Benutzung einer Schablone erhält man Kopien der Werkstücke – und mit den Werkstücken kann man Kopien der Schablone herstellen.
Diese Formungspraxis ist auf den Begriff zu bringen, d.h., es sind die Normen zu formulieren, denen man in dieser Praxis folgt. *Diese Praxis soll nicht physikalisch erklärt werden – es soll vielmehr umgekehrt die Physik verständlich werden als eine Hochstilisierung dieser Praxis.*
Als einen Grundbegriff der Protogeometrie schlage ich den Körper vor, an dem ein Oberflächenstück ausgezeichnet ist, so daß in diesem Oberflächenstück noch ein Berührungselement markiert ist: eine Stelle und eine von dieser Stelle ausgehende Richtung (ein orientiertes Linienelement, würde der Differentialgeometer sagen). Für solche Körper K_1, K_2 wollen wir sagen, daß sie »in Berührung« sind – ich schreibe $K_1 \, b \, K_2$ – wenn sie sich in den markierten Berührungselementen berühren. Die Berührungsstellen sind also festgelegt – und Drehungen sind ausgeschlossen, weil die markierten Richtungen festgelegt sind.
Als Axiome notiere ich:

(A1) b ist symmetrisch (d.h. $K_1 \, b \, K_2 \rightarrow K_2 \, b \, K_1$),
(A2) b ist total (d.h., für alle K_1 gibt es ein K_2 mit $K_1 \, b \, K_2$).

Zwei Körper, die in Berührung sind, heißen »in Passung« – hierfür schreibe ich $K_1 \, p \, K_2$ – wenn sie sich in allen Stellen der ausgezeichneten Oberflächenstücke berühren. Für die Praxis läßt man allerdings überständige Oberflächenstücke zweckmäßigerweise zu – es sollen nur keine Hohlräume zwischen den ausgezeichneten Oberflächenstücken vorhanden sein.
Als Axiom für die Passung ist zunächst wieder die Symmetrie zu fordern:

(A3) p ist symmetrisch.

Die vorhin erwähnte Herstellbarkeit von Kopien für die Schablonen und Werkstücke läßt sich – nach Inhetveen – folgendermaßen formulieren:

(A4) p ist schwach transitiv
(d.h. $K_1 \, p \, K_2 \wedge K_2 \, p \, K_3 \wedge K_3 \, p \, K_4 \rightarrow K_1 \, p \, K_4$).

Mit diesem Axiom kommt die Protogeometrie als Theorie schon etwas in Gang. Man kann jetzt eine Passungsgleichheit definieren durch

$$K_1 \overset{=}{\underset{p}{}} K_2 \leftrightharpoons K_1 \, p^2 \, K_2 \quad (\text{d.h. } K_1 \, p \, K \, p \, K_2 \text{ für ein } K).$$

Diese Gleichheit ist dann symmetrisch und transitiv – außerdem ist p invariant bezüglich dieser Gleichheit.
Als letzten Grundbegriff schlage ich vor, die »Ergänzung« eines Körpers zu nehmen, für den Fall, daß Körper sich berühren, aber nicht passen. Man füllt dann in der Praxis die Hohlräume durch Zusatzkörper aus.
Für $K_1 \, b \, K_2$ und $\neg K_1 \, p \, K_2$ schreibe ich $K_1 + Z \, p \, K_2$.
Für diese Addition wird gefordert:

(A5) + ist assoziativ ($K + Z \dot{+} \bar{\bar{Z}} \underset{p}{=} K \dot{+} Z + \bar{\bar{Z}}$).
(A6) + ist invariant bezüglich $\underset{p}{=}$.

Das entscheidende Axiom ist aber die Ergänzbarkeit:

(A7) $K_1 \, b \, K_2 \dot{\rightarrow} \neg K_1 \, p \, K_2 \leftrightarrow \bigvee_Z K_1 + Z \, p \, K_2$

(A7) fordert, daß für zwei Körper K_1, K_2 in Berührung dann

(und nur dann) K_1 so ergänzt werden kann, bis $K_1 + Z$ zu K_2 paßt, wenn K_1 nicht schon vorher zu K_2 paßt.
(A1) bis (A7) stellen Normen dar, die in der Formungstechnik befolgt werden. Als triviale Folgerung aus (A7) ergibt sich mit (A2), daß auch p total ist – die Passungsgleichheit ist daher reflexiv, also eine Äquivalenzrelation.
Die normative Erfassung der Formungstechnik liefert für sich noch keine Idealwissenschaft, denn um eine Form zu reproduzieren, müßte man eine Schablone realiter vorgeben. Aber so wie im Fall der Chronometrie die Gleichförmigkeit so definiert werden kann, daß dadurch eine Zeitmessung (bis auf die Maßeinheit) idealiter definiert ist, so können auf der Basis der Protogeometrie (A1) bis (A7) die Grundformen der Ebene und des rechten Winkels idealiter definiert werden.
Die Definition der Ebene lautet:

$$K \text{ eben} \rightleftharpoons K\, p^3\, K \text{ für alle Berührungselemente.}$$

Hier wird das ausgezeichnete Oberflächenstück von K unabhängig vom markierten Berührungselement als »eben« definiert. Die Ebenheit ist dadurch definiert, daß Schablone und Abdruck für alle Berührungselemente passungsgleich sind. Diese Definition ist gleichwertig mit der Dinglerschen Definition durch das 3-Platten-Verfahren, wenn man dieses nicht mißversteht als ein Verfahren, das *zwangsläufig* ebene Stücke als Resultat hat.
In der Protogeometrie ergibt sich dann der folgende Janichsche *Eindeutigkeitssatz:*

$$K_1, K_2 \text{ eben} \wedge K_1\, b\, K_2 \rightarrow K_1\, p\, K_2$$

Nimmt man nämlich $\neg\, K_1\, p\, K_2$ an, so führt die Ergänzbarkeit von K_1 und von K_2 zusammen mit der Ebenheit von K_1, K_2 leicht zu einem Widerspruch.
Je zwei ebene Stücke in Berührung passen also aufeinander und sind daher auch passungsgleich.
Alle ebenen Stücke passen daher auf eine unendlich gedachte Ebene. Die Form der Ebene ist allein durch ihre Definition –

sola definitione – eindeutig bestimmt. Die Form des rechten Winkels ergibt sich entsprechend sola definitione, wenn man einen Körper mit ebenem Oberflächenstück noch einmal so zerschneidet, daß die Teilstücke wieder passungsgleich werden. Der Schritt von der Protogeometrie zur Geometrie wird anschließend dadurch vollzogen, daß als Gegenstände der Geometrie nicht mehr alle protogeometrischen Körper zugelassen werden, sondern nur noch die allein durch Definitionen bestimmten Formen an diesen Körpern. Man sagt auch, daß nur noch die konstruierbaren Formen als geometrische Gegenstände zugelassen werden.

In einer Ebene E entstehen durch Orthogonalschnitte die Geraden g, h, ... Geraden werden durch Punkte p, q, ... zerschnitten. Als eine elementare Form erhalten wir z. B. in der Ebene:

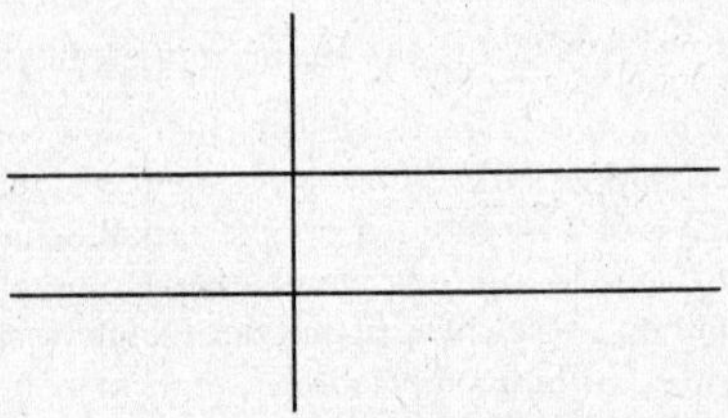

Durch die Definition von Ebene und Orthogonalität ist keine Streckengröße ausgezeichnet: alle Strecken sind zueinander formgleich. Man kann diese Eigenschaft auch als 2-Punkte-Homogenität formulieren:

$$p_1 \neq p_2 \wedge q_1 \neq q_2 \wedge A[p_1, p_2] \rightarrow A[q_1, q_2]$$

Hier ist $A[p_1, p_2]$ eine Formel, in der nur p_1 und p_2 als freie Variable vorkommen.

Für den Kenner der nicht-euklidischen Geometrie ist klar, daß ich hier erstmalig einen Satz formuliert habe, der nur in der euklidischen Geometrie gilt. Man weiß seit John Wallis, daß sich

das Parallelenaxiom durch die Forderung der Existenz formgleicher, aber nicht größengleicher Figuren ersetzen läßt. Nur in der euklidischen Geometrie gibt es, wie man sagt, keine absolute Länge. Die Protogeometrie, die in den Normen der Formungspraxis gründet, zeigt, wo die 2-Punkte-Homogenität herkommt: die Herstellung von Formen *soll* größenunabhängig sein. Realisierungsfragen gehören nicht zur Geometrie: wer unbedingt z.B. Strecken von 10^{10} m realisieren will, wird seine Schwierigkeiten haben – aber er kann solche Realisierungsaufgaben noch nicht einmal formulieren, wenn er nicht vorher definiert hat, was »Strecken« sein sollen.
Von jetzt ab brauche ich nur noch zu skizzieren, wie man den Satzbestand der euklidischen Geometrie durch die formentheoretische Uminterpretation auf der Basis der protogeometrischen Axiome aus Definitionen deduzieren kann.
Das erste, was zu tun ist, ist die Halbierung des rechten Winkels durch folgende Konstruktion:

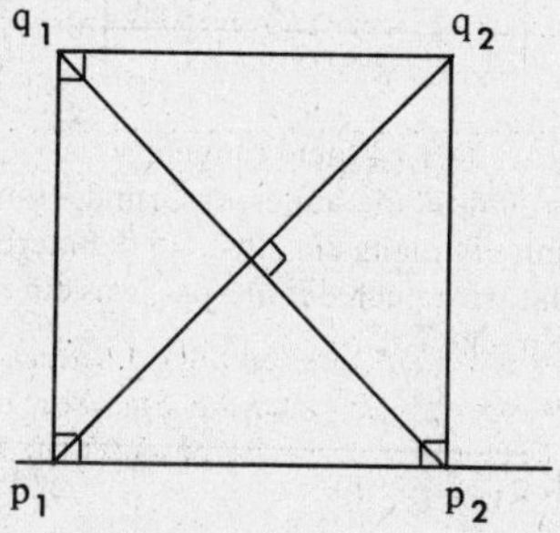

p_1, p_2 seien gegeben, ebenfalls die rechten Winkel in p_1 und p_2. Gesucht ist ein Punkt q_2, so daß für den Fußpunkt q_1 (der Orthogonalen von q_2 aus) die Diagonalen p_1q_2 und p_2q_1 orthogonal sind.
Wegen der 2-Punkte-Homogenität muß der Winkel bei q_2 unabhängig von der Wahl von p_1p_2 sein. Da er – praktisch proto-

geometrisch – ein rechter Winkel ist, muß er also auch in der geometrischen Theorie ein rechter sein. Jede Abweichung vom rechten Winkel würde die Strecken p_1p_2 nach ihrer Größe unterscheidbar machen.

Die 2-Punkte-Homogenität gestattet also, Quadrate mit vier rechten Winkeln und orthogonalen Diagonalen zu konstruieren. Wiederholung dieser Konstruktion liefert Quadratgitter:

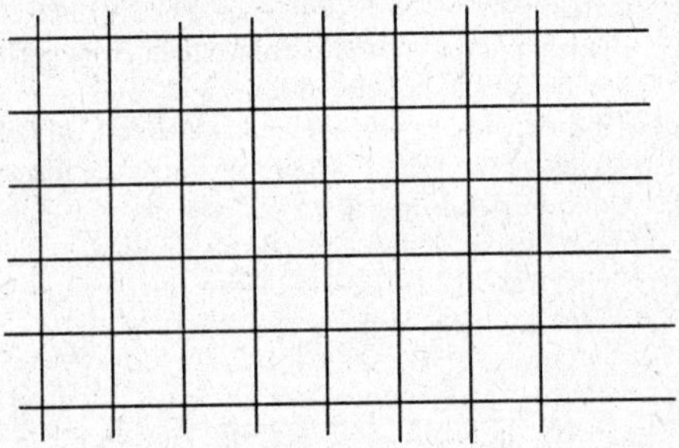

die beliebig erweitert werden können.

Für die Gitterpunkte, die auf einer Grundgeraden des Gitters liegen, ist damit erstmalig ein Abstand definierbar, der Gitterabstand. Damit wird auch definierbar, was ein rationaler Teilpunkt einer Strecke ist:

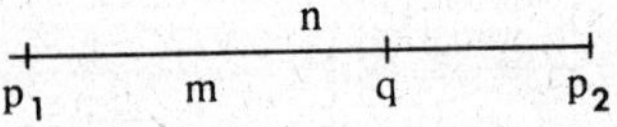

q teilt die Strecke p_1p_2 im Verhältnis $\frac{m}{n}$, wenn es ein Quadratgitter gibt, in dem p_1, p_2 und q Gitterpunkte sind, so daß m bzw. n die Gitterabstände von p_1q bzw. p_1p_2 sind.

Irrationale Teilpunkte lassen sich dann definieren, indem man mit arithmetischen Mitteln (z.B. durch Definition einer Cauchy-Folge) Folgen rationaler Teilpunkte konstruiert.

Als Gegenstand der formentheoretischen Geometrie treten daher als Teilpunkt einer Strecke genau diejenigen auf, zu denen eine konstruktiv-reelle Zahl als Teilungsverhältnis gehört.
Daraus folgt aber sofort, daß das sogenannte Archimedische Axiom für die Teilpunkte einer Strecke gilt. Auf die weitere Skizze des Beweisganges für die Sätze der euklidischen Geometrie möchte ich hier verzichten.
Das Begründungsproblem scheint mir im wesentlichen gelöst zu sein, wenn die 2-Punkte-Homogenität und die Archimedizität begründet sind. Der Rest ist mehr oder weniger Routine. Das Ungewohnte der formentheoretischen Begründung liegt nur darin, daß sie eine Begründung der euklidischen Geometrie ist gegen die Intuitionen des euklidischen Kongruenzbegriffes. Alle die Überlegungen, die sich an das Transportverhalten starrer Maßstäbe geknüpft haben, sind hier gerade nicht relevant. Daß es eine erfolgreiche Formungstechnik der Körper gibt, ist ein unbestreitbares Faktum unserer Kultur. Formuliert man die Normen dieser Technik, so erhält man als ein erstes Stück Theorie eine Protogeometrie. Diese dient als Basis zur Definition von Formen – und »Geometrie« heißt dann die Theorie der Formen. Die Geometrie ist wieder eine Idealwissenschaft, weil sie nicht über reale Körper redet, sondern über die idealen Formen, die wir an Körpern nur approximativ herstellen oder finden können.
In dieser Geometrie kommen Bewegungen nicht vor. Wenn über die Kongruenz von Strecken gesprochen wird, so müssen das zwei Strecken sein, die als Teile einer geometrischen Figur auftreten – und die Kongruenz ist über Konstruktionen wie die von Winkelhalbierenden und Quadratgittern definiert.
Die Geometrie liefert also Kriterien dafür, ob ein realer Maßstab beim Transport seine Länge ändert oder nicht – die Begründung der Geometrie aus der Formungstechnik macht den Versuch überflüssig, umgekehrt bloß praktisch irgendwelche Materialien als »starr« auszuzeichnen, um dann mit solchen »praktisch-starren« Körpern die metrische Struktur eines realen oder sogenannten »wirklichen« Raumes auszumessen. Die-

ses Reden vom »realen Raum« wird überflüssig. Deswegen brauchte es noch nicht unsinnig zu sein. Aber wer die Rede vom »realen Raum« verteidigen will, müßte dann schon Gründe dafür anführen. Es genügt nicht, sich auf die erfolgreiche Meßpraxis der Physik zu berufen – diese wird ja, wie ich gezeigt habe, ohne realen Raum, allein mit dem idealen Raum, verständlich.

Geometrie und Chronometrie zusammen ergeben die Kinematik. Sie handelt von den Bewegungsformen von Körpern. Diese Bewegungsformen sind wiederum sola definitione zu bestimmen.

Die gleichförmige Bewegung eines kubischen Raumgitters relativ zu einem anderen kubischen Raumgitter ist z. B. eine solche »ideale« Bewegungsform. Benutzt man die Gitter als Koordinatensysteme, so erhält man sofort die Galilei-Transformation für die Umrechnung der Koordinatenwerte.

Damit wird dann nicht nur den Maßstäben, sondern auch den Uhren *vorgeschrieben*, wie sie sich bei Bewegungen verhalten sollen. Das steht nicht im Widerspruch zur Relativitätstheorie, wenn man diese als eine empirische Theorie auffaßt, die beschreibt (nicht vorschreibt), wie sich reale Maßstäbe und Uhren (die aus elektrisch geladenen Teilchen bestehen) bei Bewegungen z. B. relativ zum Sternsystem verhalten.

Die Kinematik als Idealwissenschaft – zusammengesetzt aus den Idealwissenschaften Geometrie und Chronometrie – ist vielmehr eine Bedingung dafür, daß wir reale Bewegungen überhaupt messen können, nämlich durch Raum- und Zeitmessungen.

Ich möchte hier nur noch darauf eingehen, wie die Mechanik als Realwissenschaft sich von der Kinematik als Idealwissenschaft unterscheidet. Daran läßt sich exemplarisch der Schritt von der Mathematik zur Physik demonstrieren.

Schon bei Aristoteles – und insbesondere dann in der vermutlich pseudo-aristotelischen Schrift über mechanische Probleme – wird untersucht, wie man Körper durch Ziehen, Schieben oder Stoßen in Bewegung setzen kann. Mit gleicher »Anstrengung« –

wie ich unterminologisch sagen will – lassen sich größere Körper nur in langsamere Bewegung setzen als kleinere. Das ist eine Alltagserfahrung, die für homogenes Material gilt.
Diese Alltagserfahrung ersetzt die Größe durch das Gewicht, wenn es sich um verschiedene Materialien handelt. Auf einer horizontalen Ebene spielt das Gewicht aber (bis auf die unvermeidliche Reibung) keine Rolle. Das aristotelische Grundgesetz, nach dem bei gleicher »Anstrengung« die erreichte Geschwindigkeit v umgekehrt proportional zur Größe bzw. zum Gewicht ist, rechtfertigt dann schon bei den Körpern von einer »Masse« m zu reden mit

$$v \sim \frac{1}{m}.$$

Dieses Erfahrungsgesetz wurde im 17. Jahrhundert zur Grundlage der Mechanik, als man es in den Stoßgesetzen reformulierte. Erst damals hatte man die Kinematik als eine mathematische Theorie so weit entwickelt, daß man auf ihr eine Mechanik aufbauen konnte. Die Schwierigkeit, zu definieren, wenn zwei »Anstrengungen« *gleich* sind, ließ sich dadurch lösen, daß die Gleichheit der Ursachen durch die Gleichheit der Wirkungen definiert wurde: Zwei Körper sind genau dann durch eine gleiche »Anstrengung« in Bewegung gesetzt, wenn die Bewegungen sich bei einem Zusammenstoß (genauer: einem inelastischen Zusammenstoß) aufheben. Das aristotelische Grundgesetz führt durch diese Umdeutung zu einem Gesetz über inelastische Stöße. Zwei Körper mit den Geschwindigkeiten v_1, v_2 bleiben nach inelastischem Zusammenstoß genau dann in Ruhe, wenn gilt:

$$\frac{v_1}{v_2} = \frac{m_2}{m_1}$$

Zu jedem Körperpaar gibt es nach diesem Stoßgesetz ein Massenverhältnis. Dies wird definiert durch das umgekehrte Geschwindigkeitsverhältnis.
Als Erfahrungsgesetz steckt darin, daß das Geschwindigkeitsverhältnis (bei hinreichend kleinen Geschwindigkeiten) für

verschiedene Zusammenstöße eine Konstante ist, solange Ruhe resultiert. Idealwissenschaftlich sind hier die Raum- und Zeitmessungen, also die Geschwindigkeitsmessungen, definiert. Die Konstanz des Geschwindigkeitsverhältnisses ist dagegen realwissenschaftlich. Statt »idealwissenschaftlich« bzw. »realwissenschaftlich« sagt man auch »apriorisch« bzw. »empirisch«. In solche empirischen Gesetze gehen zwar noch sogenannte Idealisierungen, Vereinfachungen, ein. Man vernachlässigt z. B. die Reibung, man braucht außerdem ein geeignetes Bezugssysten usw. Trotzdem gilt, daß das hier auftretende Geschwindigkeitsverhältnis – prinzipiell, wie man sagt – durch eine andere kinematische Größe ersetzt werden kann. Die Relativitätstheorie revidiert die Stoßgesetze in der Tat dadurch, daß die Geschwindigkeiten durch

$$\frac{v}{\sqrt{(1 - \frac{v^2}{c^2})}}$$

mit der Lichtgeschwindigkeit c ersetzt werden. Diese Revision der Mechanik ist von Einstein als eine Revision der Kinematik vorgetragen worden, weil zur Berechnung der Verkürzung von Körpern und der Verlangsamung von Vorgängen bei Bewegungen zweckmäßigerweise im vierdimensionalen Raum-Zeit-Kontinuum die Lorentz-Metrik benutzt wird.

Die Kontroverse zwischen Lorentz und Einstein ging der Sache nach darum, ob die empirische Lorentz-Metrik an die Stelle der apriorischen euklidisch-galileischen Metrik treten sollte. Die hier vorgetragene Begründung einer idealwissenschaftlichen Kinematik ist in dieser Kontroverse ein Argument für Lorentz und gegen Einstein.

Diese Kontroverse kann der Mathematiker aber den Physikern überlassen, denn die technische Praxis, die die mathematischen Disziplinen der Stochastik und Kinematik als Idealwissenschaften fundiert, diese technische Praxis ist durch die Physik nicht geändert worden. Sie ist das unveränderte Fundament aller empirischen Theoriebildung.

Kulturgeschichtlich gesehen, ist dieses Fundament seit den altorientalischen Zeiten, in denen es entstand, unverändert. Man wird daher in Ruhe abwarten dürfen, ob sich an diesen Fundamentaltechniken etwas in Zukunft ändern wird. Nichts, was geschichtlich geworden ist, ist notwendigerweise genau so, wie es ist. Aber solange wir die Fundamentaltechniken der Zufallsgeneratoren, der Uhrenherstellung und der Formenherstellung haben, so lange hat die Mathematik ein Recht darauf, neben der Arithmetik auch die Idealwissenschaften der Stochastik und Kinematik zu pflegen.

Sie tritt damit nicht in Konkurrenz zur Physik, sondern erbringt eine Dienstleistung für die Physik, wenn sie diese Idealwissenschaften als die Theorien betreibt, die unsere Fundamentaltechniken auf den Begriff bringen. Eine bloß axiomatische Behandlung ohne eine Fundierung in unserer Praxis erfüllt diese Aufgabe nicht.

Ich komme daher zum Schluß auf die Frage, welche Aufgabe sich die Mathematik stellen sollte. Das ist – genau betrachtet – eine ethisch-pädagogische Frage. Es liegt nahe, sich ihr zu entziehen, indem man der Mathematik die Aufgabe stellt, für Axiome, die ihr von anderen Wissenschaften geliefert werden, die logischen Konsequenzen zu untersuchen. Aber das ist eine illusionäre Beschreibung dessen, was wirklich in den gegenwärtigen axiomatischen Theorien geschieht. Keine andere Wissenschaft außerhalb der Arithmetik ist für solche Axiomensysteme wie die von Peano und Zermelo verantwortlich: sie sind reine Eigenprodukte.

Daß die empirische Physik für die Aufstellung stochastischer oder kinematischer (speziell geometrischer) Axiome verantwortlich gemacht werden könnte, ist – wie ich hoffe, gezeigt zu haben – zumindest sehr problematisch.

Schließlich bleibt der Rückzug auf die Freiheit, beliebige Axiomensysteme zu untersuchen. Analog zur Politik ließe sich mit der Parole »Freiheit statt Konstruktivismus« diese Beliebigkeit gegenüber dem Anspruch verteidigen, nur Axiome zu verwenden, für die *vorher* Modelle konstruiert sind.

Für die Arithmetik, die Mathematik im engeren Sinne, sind sol-

che Konstruktionen immer schon naiv praktiziert worden. Für die Mathematik im weiteren Sinne, also die Idealwissenschaften Stochastik und Kinematik, war erst zu klären, was hier »Konstruktion« bedeutet.
In der Arithmetik handelt es sich um die Konstruktion von Symbolen, angefangen von der Konstruktion der Grundzahlen bis zur Konstruktion reeller Zahlen und deren Funktionen und Mengen.
In den Idealwissenschaften gehen wir von der Praxis gewisser Fundamentaltechniken aus. In der Stochastik hat man als Ausgangselemente die symmetrischen Wahrscheinlichkeitsfelder der Zufallsgeneratoren. Nur die Konstruktion von Zufallsaggregaten liefert alle weiteren Wahrscheinlichkeitsfelder.
In der Geometrie hat man als Ausgangselemente die Formen der Ebene und des rechten Winkels – aus ihnen sind alle anderen Formen zu konstruieren.
Nun ja, worin liegt letztlich der Vorteil, wenn man sich auf Axiomensysteme mit konstruierbaren Modellen beschränkt? Antwort: Man weiß dann, wovon man redet. Falls dies nicht als ein ethisch-pädagogischer Vorteil angesehen werden sollte – nun ja, darüber wäre dann erst in einem Collegium Ethicum zu sprechen.

Eine Revision der Einsteinschen Revision

Die These, daß die Physik eine Revision der Geometrie und Kinematik erfordere, ist zwar 1905 von Einstein unabhängig von den Untersuchungen Riemanns zur Geometrie – aus dem Jahre 1854 – aufgestellt worden, man wird aber sagen dürfen, daß sie sich erst durchgesetzt hat, seit Minkowski 1908 die Einsteinsche These in den Rahmen der Riemannschen Geometrie eingeordnet hatte. Die allgemeine Relativitätstheorie von 1915 benutzt dann explizit diese Geometrie. Es sei daher zunächst skizziert, wie es zur Riemannschen Geometrie hat kommen können.
Aus der Antike stammte die Euklidische Behandlung der ebenen und räumlichen Figuren durch ein System von Axiomen, aus denen alle Sätze über die Figuren zu deduzieren waren. Diese Axiomatik benutzte neben den Grundbegriffen Punkt, Gerade und Ebene deren Inzidenz und die Kongruenz von Strecken und Winkeln als undefinierte Begriffe. Die Präzisierungen von Pasch und Hilbert haben noch die Anordnung hinzugefügt.
Die Crux dieser Axiomatisierung war das Parallelenaxiom. Wir können den Grund dafür heute leicht erkennen. Denn sieht man einmal von den Anordnungsaxiomen ab, dann gelten die Inzidenz- und Kongruenzaxiome, die für ein endliches Ebenenstück gelten, ja genauso für jede Fläche, auf der die Figuren, wie Riemann sagte, »ohne Dehnung bewegbar« sind.
Das sind nach Gauß die Flächen konstanter Krümmung. Seit Helmholtz und Lie spricht man – jetzt für den Raum – von der freien Beweglichkeit starrer Körper.
Die Untersuchungen von Gauß, Lobatschewskij und Bolyai hatten zu der Überzeugung geführt, daß das Parallelenaxiom nicht aus den übrigen Axiomen deduzierbar sei. Das allein wäre aber selbstverständlich kein Grund gewesen, an der Gültigkeit gerade dieses Axioms zu zweifeln. Für ein Axiomensystem ist die Unabhängigkeit jedes Axioms von den übrigen ja stets wünschenswert.

Seit Gauß und Riemann können wir aber erkennen, daß die euklidischen Inzidenz- und Kongruenzaxiome nichts als die freie Beweglichkeit starrer Körper fordern, sie liefern eine Axiomatik der *absoluten* Geometrie, d.h. der Sätze, die auf Flächen beliebiger konstanter Krümmung gelten – und deshalb brauchte Euklid also noch ein Axiom, das die Krümmung Null auszeichnete.

Im 19. Jahrhundert war man sich aber gar nicht mehr so sicher, ob der Raum denn euklidisch sein »müsse«. Riemann hat das so formuliert, daß »das Prinzip der Maßverhältnisse« – wir sagen heute »die Metrik« – bei einer stetigen Mannigfaltigkeit »anders woher hinzukommen müsse«. Er fügte wörtlich hinzu: »Die Entscheidung dieser Fragen kann nur gefunden werden, indem man von der bisherigen, durch die Erfahrung bewährten Auffassung der Erscheinungen, wozu Newton den Grund gelegt, ausgeht und diese, durch Tatsachen, die sich aus ihr nicht erklären lassen, getrieben, allmählich umarbeitet.«

Nun, es ist die herrschende Meinung, daß Einstein diese von Riemann geforderte »Umarbeitung« oder Revision geleistet hat. Ehe ich auf die Gründe eingehe, die mir dafür zu sprechen scheinen, daß die Relativitätstheorie nicht als eine Revision von Geometrie und Kinematik, sondern als eine Revision der Mechanik allein zu interpretieren ist, möchte ich skizzieren, wie man von der klassischen Mechanik über die Elektrodynamik durch Tatsachen zu einer Umarbeitung »getrieben« wird. »Klassische Mechanik« steht dabei für den klassischen Impulssatz (mit Impuls = Masse mal Geschwindigkeit, m V) und für das Newtonsche Programm, das fordert, die Impulsänderungen in der Zeit durch lineare Superposition von Kraftwirkungen K zu erklären:

$$m \frac{dV}{dt} = \Sigma K$$

V ist definiert durch

$$V^{\nu} = \frac{dx^{\nu}}{dt} \quad (\nu = 1, \ldots, 3)$$

für cartesische Raumkoordinaten $x^1, \ldots, x^3$ und eine galileische Zeitkoordinate t. In der Elektrodynamik kommen dann folgende Tatsachen hinzu:

1. Es läßt sich elektrostatisch ein Ladungsverhältnis elektrisch geladener Körper durch das Verhältnis der Kraftwirkungen auf einem geladenen Probekörper definieren. Die Kraftdichte k (= Kraft pro Volumen) berechnet sich aus der Ladungsdichte (= Ladung pro Volumen) nach der Coulomb-Formel $k = \varrho E$, in der E der Vektor des elektrischen Feldes ist.
2. Für bewegte Ladungen berechnet sich aus der Stromdichte J (= Ladungsdichte mal Geschwindigkeit) die Kraftdichte nach der Lorentz-Formel $k = J \times {}^*B$, in der B der Bivektor des magnetischen Feldes ist (*B ist das Orthokomplement von B, die sogenannte magnetische Flußdichte).
3. E und B sind aus der Ladungsdichte ϱ und der Stromdichte J nach den Maxwellschen Gleichungen zu berechnen.

In diesen Maxwellschen Gleichungen liegt das zur Umarbeitung treibende Moment. Ich gebe hier nur die elegantere Form dieser Gleichungen an, die man mit Benutzung alternierender Differentialformen und der Differentialoperatoren d und $\delta = {}^*d^*$ erhält. Die homogenen Gleichungen lauten dann:

$$(1) \quad dB = 0 \text{ und } dE + \dot{B} = 0$$

Die inhomogenen Gleichungen (im Vakuum) lauten:

$$(2) \quad \delta B - \tfrac{1}{c^2}\dot{E} = \mu_o J \text{ und } \tfrac{1}{c^2}\delta E = \mu_o \varrho$$

(c ist die Lichtgeschwindigkeit, μ_o ein Proportionalitätskoeffizient, der Punkt über B bzw. E bezeichnet die Ableitung nach einer Zeitkoordinate.)

Ob es einem nun gefällt oder nicht, diese Gleichungen lassen sich in einer 4dimensionalen »Welt« mit 3 Raumkoordinaten x^1, x^2, x^3 und einer Zeitkoordinate $x^4 = t$ genau dann koordinateninvariant schreiben, wenn man eine nicht-galileische Metrik durch den Fundamentaltensor der Minkowski-Metrik

$$g_{mn} = \begin{pmatrix} 1 & 0 & \\ 0 & 1 & \\ & & 1 \\ & & & -c^2 \end{pmatrix} \quad (m, n = 1, \ldots, 4)$$

einführt. Statt der Maxwellschen Gleichungen haben wir dann für

$$\underline{B} = B + E\,dt \text{ und } \underline{J} = J - c^2 \varrho\, dt$$

die Vierergleichungen

$$(1')\ d\,\underline{B} = o$$
$$(2')\ \delta\,\underline{B} = \mu_o \underline{J}$$

Kürzer geht's nicht mehr, es sei denn, man definiert aufgrund von (1′) ein Potential $\underline{A}$ durch d $\underline{A} = \underline{B}$: es bleibt dann nur eine Gleichung übrig:

$$(3')\ \Box\,\underline{A} = \mu_o \underline{J} \quad (\text{mit } \Box = \delta d)$$

Bis jetzt ist aber außer der Eleganz noch nichts Entscheidendes geschehen, da man diese Vierergleichungen nur als einen mathematischen Kunstgriff zur Berechnung von E und B ansehen kann. Man wird jedoch zu einer *Umarbeitung,* zu einer Revision der Mechanik getrieben, weil die Newtonsche Grundgleichung für Kräfte auch als Vierergleichung geschrieben werden muß, wenn man statt der Kraftdichten der Coulomb- und Lorentz-Formel jetzt die Viererkraftdichte mit der Viererformel

$$\underline{k} = \underline{J} \times {}^*\underline{B}$$

benutzen will.

Es ist bekannt, daß man dazu statt der klassischen Geschwindigkeit V einen Vierervektor $\underline{W}$ mit

$$W^n = \frac{d\,x^n}{d\,\tau} \quad (n = 1, \ldots, 4)$$

und der zur Minkowski-Metrik gehörigen Eigenzeit τ benutzen muß. $\underline{W}$ unterscheidet sich von V in den Raumkoordinaten x^ν nur um den berühmten Faktor

$$\beta_v = \frac{1}{\sqrt{(1 - \frac{v^2}{c^2})}}$$

Wegen $\beta_o = 1$ ist die Newtonsche Mechanik in der Einsteinschen Mechanik als Näherung enthalten.
Die revidierte Grundgleichung der Mechanik lautet:

$$m \frac{d\underline{W}}{d\tau} = \Sigma \underline{K}$$

In ihr sind rechts Viererkräfte einzusetzen.
Der Impulssatz bleibt erhalten, wenn der klassische Impuls m V durch den Viererimpuls m $\underline{W}$ ersetzt wird.
Der Zeitkoordinatenwert dieses Impulses führt z. B. zu der Einsteinschen Formel $m\,c^2$ für die Energie einer Masse m. Beschränkt man sich auf Koordinatensysteme, für die der Fundamentaltensor die oben angegebenen Koordinatenwerte hat, so erhält man außerdem die Lorentz-Transformation für die Umrechnungen von einem Bezugssystem auf ein anderes.
Diese Rechnungen ergeben eine Verkürzung bewegter Körper und eine Verlangsamung bewegter Vorgänge. Das ist die Lorentz-Kontraktion und die Einstein-Dilatation. Insbesondere die letztere gilt in der Physik durch die Verlängerung der sogenannten Lebensdauer schnell bewegter Mesonen als experimentell gut bestätigt. Genau für die Lorentz-Kontraktion und die Einstein-Dilatation entsteht aber ein Interpretationsproblem.
Verkürzen sich die Körper oder haben wir es mit einer durch die Bewegung veränderten Längenmessung zu tun? Verlangsamen sich die Vorgänge oder haben wir es mit einer durch die Bewegung veränderten Dauermessung zu tun? Dieses Interpretationsproblem des Lorentz-Einsteinschen Formalapparates war schon zwischen Lorentz und Einstein selbst strittig. Lorentz interpretierte die Veränderungen als reale Effekte, Einstein als bloß durch das Meßverfahren bedingte Effekte.
Die allgemeine Relativitätstheorie stellt dieses Interpretationsproblem noch einmal in verschärfter Form, da hier – nach Einstein – auch die euklidische Geometrie »revidiert« wird. Das Newton-Minkowskische Programm

$$m \frac{d\underline{W}}{d\tau} = \Sigma \underline{K}$$

enthält eine revidierte Stoßdynamik und Elektrodynamik – und ist auf weitere Kräfte erweitert worden. Für die Gravitation, die bei Newton durch ein Kraftgesetz

$$K \sim \frac{m M}{r^2}$$

berücksichtigt wird, steht aber *keine* Viererkraft $\underline{K}$ zur Verfügung.

Es ist allerdings leicht, ein *homogenes* Gravitationsfeld zur Newton-Minkowskischen Grundgleichung hinzuzunehmen: man verzichtet (wie *vor* Newton) auf ein Kraftgesetz und nimmt statt dessen nur hinzu, daß alle Körper dieselbe Beschleunigung erfahren. D.h., alle physikalischen Vorgänge verlaufen so, *als ob* sie in einem gravitationsfreien Inertialsystem (mit der Minkowski-Metrik) verliefen, aber von einem dazu gleichförmig beschleunigten Bezugssystem aus beobachtet würden (Äquivalenzprinzip). Die spezielle Relativitätstheorie wird dadurch auch in homogenen Gravitationsfeldern verwendbar. Die allgemeine Relativitätstheorie leistet die Verallgemeinerung auf inhomogene Gravitationsfelder. Diese Felder sind keine *Kraft*felder, sondern es wird zu jedem Punkt angegeben, durch welche Koordinatentransformationen man lokal ein Inertialsystem erhält.

Diese Angabe geschieht mit den mathematischen Mitteln der Riemannschen Verallgemeinerungen der Gaußschen inneren Geometrie der Flächen: durch Angabe eines Fundamentaltensors. Diese Verallgemeinerungen heißen zwar noch »Geometrie«, können aber inhaltlich (wie im Falle der Relativitätstheorie) ganz etwas anderes sein.

Der Fundamentaltensor g_{mn} des Gravitationsfeldes heißt zwar »Metrik« (wie im Gaußschen Falle), dient aber durch seine Ableitungen – über den Christoffelschen Pseudotensor – dazu, Transformationen auf lokale Inertialsysteme berechenbar zu machen. Das Tensorfeld g_{mn} selbst ist – über den Riemannschen Tensor R_{kmln} und seine Verjüngungen R_{mn} und R – nach der Einsteinschen Feldgleichung (die der Maxwellschen Gleichung (3′) für ein Potential entspricht) durch den Stromdichtetensor T_{mn} des Viererimpulses bestimmt:

$$R_{mn} - \frac{1}{2} g_{mn} \cdot R \sim T_{mn}$$

Diese Interpretation der allgemeinen Relativitätstheorie wird z. B. von Weinberg vertreten, gilt aber z. Z. – wie Weinberg bemerkt – als heterodox.[1] Die orthodoxe Interpretation Einsteins spricht statt von einer revidierten Gravitationstheorie von einer revidierten Raum-Zeit-Geometrie.

Überträgt man die Riemannsche Auffassung der Geometrie, daß nämlich die Metrik »anders woher hinzukommen müsse«, auch auf die Kinematik und ihre Zeitmetrik, dann ist die Einsteinsche Interpretation sofort überzeugend. So ist meines Erachtens auch der faktische Erfolg Einsteins gegen Lorentz verständlich: die Maxwellschen Gleichungen liefern uns die Minkowski-Metrik der Raum-Zeit-Welt – also ist damit die euklidisch-galileische Metrik als bloße Näherung erkannt. Die von Riemann geforderte Umarbeitung ist damit geleistet und wird in der allgemeinen Theorie fortgesetzt.

Diese Argumentation ist aber nur dann überzeugend, wenn man die Riemannsche Auffassung von Geometrie als selbstverständlich akzeptiert – und sie auch auf die Kinematik überträgt. Für die Kinematik heißt das, daß man auch die Zeit als ein Kontinuum, eine stetige Mannigfaltigkeit, betrachtet, deren Maßbestimmung »anders woher hinzukommen müsse« – und das heißt aus der Physik. v. Laue formulierte dies z. B. so: »daß die Naturgesetze, und zwar alle, möglichst einfache Formen bekommen«, ist »der einzige Leitfaden bei der Festlegung einer Zeitskala«.

Diese Riemann-Einsteinsche Auffassung von der Metrik in Geometrie und Kinematik ist allerdings nicht unbestritten geblieben. Die Dinglerschen Einwände waren verbunden mit einer Ablehnung auch einer Revision der Mechanik. Ich selbst arbeite unter dem Titel »Protophysik« seit etwa 15 Jahren mit

1 Vgl. Steven Weinberg, *Gravitation and Cosmology*, New York 1972.

mehreren Wissenschaftstheoretikern an diesen Problemen – und mir scheint, daß jetzt eine fundierte Kritik der Riemann-Einsteinschen Auffassung vorgetragen werden kann, die aber mit der geschilderten Revision der Mechanik verträglich ist.
Der erste Erfolg ist Janich in der *Protophysik der Zeit* zu verdanken.[2] Er zeigte, daß man ohne Benutzung von Uhren definieren kann, was eine *gleichförmige* Bewegung (z.B. eines Punktes längs einer Geraden) ist. Und daß dann, wenn man umgekehrt solche gleichförmigen Bewegungen als Uhren benutzt, je zwei solche Uhren ein konstantes Gangverhältnis besitzen, also eine Zeitmessung allein auf eine Definition der gleichförmigen Bewegung zu gründen ist.
Für die Geometrie sind in den letzten Jahren von Janich und Inhetveen einige Arbeiten veröffentlicht – aber es ist uns erst kürzlich eine, wie ich hoffe, lückenlose Begründung der euklidischen Geometrie als einer Formentheorie gelungen. Der entscheidende Vorteil einer Geometrie als Formentheorie gegenüber einer Geometrie als einer Theorie der freien Beweglichkeit starrer Körper liegt darin, daß die Grundformen der Ebene und des rechten Winkels durch Definition allein bestimmt werden können. In der üblichen Axiomatik von Euklid bis Hilbert ist dagegen die Starrheit der Körper nicht durch Definitionen bestimmt. Sie muß empirisch bestätigt – oder widerlegt – werden.
Die von mir zur Diskussion gestellte Revision der Einsteinschen Revision führt also letztlich auf die Frage, ob und weshalb eine formentheoretische Geometrie statt einer empirischen Theorie der starren Körper für die Physik adäquat ist.
Weshalb eine formentheoretische Geometrie, die mit Definitionen der Grundformen beginnt, die also nicht-empirisch – und das heißt doch, so schlimm es klingt – apriorisch beginnt, *nicht* für die Physik adäquat *erscheint,* ist leichter gesagt: was soll ein Physiker mit Sätzen, die er nicht durch Messungen überprüfen kann?

2 Vgl. Peter Janich, *Protophysik der Zeit,* Mannheim 1969.

Das ist aber nur scheinbar ein Einwand. Gerade weil der Physiker erst dann Hypothesen oder Theorien aufstellen kann, wenn er schon messen kann – und zwar müssen seine Messungen an beliebiger Stelle in Raum und Zeit reproduzierbar sein –, gerade deshalb ist er darauf angewiesen, seine Raum- und Zeitmessungen durch Definitionen überprüfen zu können. Präzisionsmessungen müssen Approximationen an ein – wie man seit Platon sagt – Ideal sein, sonst wären sie nicht beliebig reproduzierbar.

Was das heißt, daß die Grundformen der Ebene und des rechten Winkels allein durch Definition – sola definitione – bestimmt sind, erscheint wiederum nur dem modernen Empirismus so rätselhaft. Die Geometrie beginnt mit Formen als ihren Grundbegriffen. Da jede Präzisionsmessung auf möglichst genaue Realisierung dieser Formen angewiesen ist, scheint mir deutlich zu sein, daß die Physik, die eine durch Messungen überprüfbare Wissenschaft sein will, auf eine Geometrie, die eine Theorie dieser Formen liefert, angewiesen ist.

Für die Zeitmessung gilt dann entsprechend, daß nur eine Kinematik, die von Bewegungsformen ausgeht, die sola definitione bestimmt sind, für die Physik adäquat ist.

Und deshalb, so scheint mir, ist die Einsteinsche Revision der Geometrie und Kinematik zugunsten einer Revision der Mechanik allein zu revidieren.

Schon für die klassische Physik ist zu unterscheiden zwischen der Geometrie und Kinematik einerseits und der Meßtheorie von Masse und Ladung andererseits. Eine Revision der Meßtheorie der Masse, die dann zu einer Revision der Mechanik führt, ist dort aber nicht zu begründen. In der Tat gestattet die klassische Definition der Masse, die von der approximativen Realisierung einer Konstanz der Geschwindigkeitsverhältnisse (beim inelastischen Stoß, der zur Ruhe führt) ausgeht und die die *Konstanzforderung* dann zur Definitionsgrundlage nimmt, eine Revision erst durch die Entwicklung der Elektrodynamik: bei Geschwindigkeiten, die sich der Lichtgeschwindigkeit nähern, ist nicht die Konstanz der Geschwindigkeitsverhältnisse zu fordern, sondern die Konstanz des Verhältnisses der Geschwindigkeit v multipliziert mit

$$\beta_v = \frac{1}{\sqrt{(1 - \frac{v^2}{c^2})}}$$

Diese Revision der Stoßgesetze – und damit des Impulsbegriffes – ist selbstverständlich nur dann möglich, wenn man zunächst mit dem klassischen Impulsbegriff arbeitet. Man könnte sonst ja das Ladungsverhältnis überhaupt nicht durch die Kraftwirkungen definieren: die Coulombsche Konstanzforderung wäre überhaupt nicht formulierbar.

Das Auftreten einer Geschwindigkeit $c = \frac{1}{\sqrt{(\varepsilon_0 \mu_0)}}$ in den Maxwellschen Gleichungen erzwingt die Auszeichnung eines der klassischen Inertialsysteme. Nimmt man z. B. das astronomische Fundamentalkoordinatensystem, so ist diese Auszeichnung zwar nicht durch Messung der Lichtgeschwindigkeit in relativ bewegtem System nachweisbar (wegen der als realer Effekte gedeuteten Lorentz-Kontraktion bzw. Einstein-Dilatation), ohne Auszeichnung eines cartesisch-galileischen Koordinatensystems ist aber die Minkowski-Metrik gar nicht definierbar: man muß ein Koordinatensystem angeben, in dem der Fundamentaltensor die Koordinatenwerte

$$\begin{pmatrix} 1 & & & 0 \\ & 1 & & \\ & & 1 & \\ 0 & & & -c^2 \end{pmatrix}$$

hat.

Die Lorentz-Transformation gibt an, wie man für Systeme, die (klassisch gesprochen) relativ zum astronomischen Fundamentalkoordinatensystem gleichförmig bewegt sind, die veränderten Längen der Körper und Dauern der Vorgänge berechnen kann. Versteht man, wie seit dem Erlanger Programm von Klein (1872), unter einer »Geometrie« nichts anderes als die Invariantentheorie einer Transformationsgruppe und definiert man daher analog eine »Kinematik« ebenfalls nur durch eine Transformationsgruppe, so erhält man selbstverständlich aus der Lorentz-Gruppe sofort eine »Lorentz-Kinematik« als eine Revision der galileischen Kinematik.

Die jetzt vorgelegte Argumentation sollte aber zeigen, daß diese Interpretation nicht zwingend ist: die Einführung der Lorentz-Metrik wird erst sinnvoll, nachdem vorher Geometrie und Kinematik als apriorische Teile einer Protophysik begründet und Masse und Ladung aufgrund von (wie jetzt hervorzuheben ist: später möglicherweise zu revidierenden) *Konstanzforderungen* definiert worden sind. Eine Revision der Konstanzforderungen, die den Definitionen von Masse und Ladung zugrunde liegen, wird durch Meßergebnisse nahegelegt, nämlich durch Ergebnisse von Raum- und Zeitmessungen. Diese Messungen selbst gründen sich dagegen auf die formentheoretische Definition *gleicher* Länge (Kongruenz) bzw. Dauer. Und die formentheoretischen Definitionen gründen sich auf die technisch erfolgreiche Reproduktion von Formen von Körpern und Bewegungen in geeignetem Material – auch sie könnten also »prinzipiell« durch andere Formen ersetzbar sein (wenn andere Reproduktionstechniken erfolgreich wären), aber sie sind nicht durch *Meßergebnisse* einer Physik revidierbar, die erst dadurch überhaupt zu Messungen kommt, daß sie von den Formen der euklidischen Geometrie und der galileischen Kinematik ausgeht.

An dieser Basis der Mechanik und der Elektrodynamik ändert sich nichts, sondern die Lorentz-Invarianz der Mawellschen Gleichungen zieht »nur« eine Revision der Newtonschen Mechanik zugunsten einer Newton-Einsteinschen Mechanik nach sich.

Ethik und Kulturwissenschaften

Interdisziplinäre Forschung und infradisziplinäres Wissen

Die Zersplitterung der Wissenschaften läßt immer wieder in den einzelnen Fächern den Wunsch entstehen, mit anderen Fächern zusammenzuarbeiten. Finden sich auf diese Weise mindestens zwei Fächer, die z. B. in ihrer Ahnenreihe einen berühmten Mann gemeinsam haben, etwa Schiller als Ästhetiker und Historiker, so hat man schon ein Thema »interdisziplinärer Forschung«. Systematisch erzeugt man Interdisziplinarität durch adjektivische Kopplungen wie »Politische Psychologie«, »Soziologische Jurisprudenz«, »Mathematische Linguistik« oder durch schlichte Konjunktionen wie »Sprache und Recht«, »Literatur und Erziehung«, »Kunst und Moral«.
Da jeder Blick über das eigene Fach hinaus lobenswert ist, sind solche Themen auch fördernswert. Aber daß der Aufwand eigener interdisziplinärer Institute allein dadurch gerechtfertigt wäre, scheint mir sehr zweifelhaft – mit den üblichen Forschungsmitteln von Universitätsinstituten lassen sich auch schon Vertreter eines anderen Faches zu »interdisziplinären« Gesprächen einladen.
Die Verhältnisse von Aufwand und vermutlichem Nutzen liegen anders bei Projektforschungen, für die nicht nur zwei, sondern viele Disziplinen erforderlich sind. Das Paradigma liefert hier die Konfliktforschung, wenn es sich um die wissenschaftliche Erarbeitung von Plänen zur Lösung konkreter Konflikte handelt. Ein konkreter Konflikt, der gegenwärtig eine bestimmte Menschengruppe mit unmenschlichem Leben oder gar Tod bedroht, liefert allemal den gerechtfertigten Gegenstand eines Forschungsprojektes. Der Konflikt selbst erfordert hier von jedem Wissenschaftler, dessen Verantwortungsbewußtsein noch

einigermaßen intakt ist, sein Wissen zur Lösung des Konfliktes bereitzustellen.
Die Konfliktforschung ist aus einem einfachen Grunde paradigmatisch für interdisziplinäre Forschung: es gibt keine Disziplin, deren Wissen nicht relevant sein könnte für die Lösung von konkreten Konflikten. Selbstverständlich sind nicht alle Disziplinen für jeden Konflikt relevant, aber jede Disziplin kann in einem Konflikt relevant werden. Diese Möglichkeitsbehauptung (daß nämlich jede Disziplin möglicherweise konfliktrelevant ist) stelle ich nicht etwa aufgrund von Erfahrungen mit der Konfliktforschung auf, sondern aufgrund eines Definitionsvorschlages für »Wissenschaft«: eine geistige Tätigkeit, die sich nicht, wenn auch nur in vermittelter Form, auf die Lösung von Konflikten bezieht, die also weder etwas beiträgt zur Beratung von Menschen, die im Konflikt leben, weil sie sich miteinander unverträgliche Zwecke gesetzt haben, noch zur Beratung von Menschen, die nicht wissen, mit welchen Mitteln sie miteinander verträgliche Zwecke erreichen können, eine solche geistige Tätigkeit möchte ich lieber ein »Spiel« als eine »Wissenschaft« nennen. Das Paradigma der Konfliktforschung liefert also von selbst eine Einteilung allen Wissens in ein *politisches* Wissen, das der gerechten Zwecksetzung dient, und in ein *technisches* Wissen, das der klugen Mittelfindung bei schon gesetzten Zwecken dient.
Das Ziel eines Projektes der Konfliktforschung ist es allemal, herauszuarbeiten, was im konkreten Fall gerechte Zwecke und kluge Mittel sind.
Es dürfte Übereinstimmung darüber bestehen, daß die gegenwärtige Forschung an den Fachinstituten der Universitäten ungeeignet ist, erfolgreiche Konfliktforschung zu treiben: die Universität bildet vielmehr die Fachwissenschaftler heran, die – nach ihrer Ausbildung – im öffentlichen Dienst und neuerdings in Max-Planck-Instituten ihr Fachwissen in die Bemühung um die Lösung von Konflikten einbringen.
Eine forschungsintensive Universität mit einem dazugehörigen Forschungszentrum, das insbesondere Konfliktforschung be-

treiben kann – das wäre eine Formulierung des Zweckes der Gründung von Reformuniversitäten –, scheint den Aufwand zu rechtfertigen. Es wird allerdings niemals ein Aufwand allein durch einen Zweck gerechtfertigt: es muß stets nachgewiesen werden, daß der Zweck auch mit den aufgewendeten Mitteln erreichbar ist, genauer: daß eine gute Chance besteht, den Zweck zu erreichen.

Darüber, ob eine solche gute Chance besteht oder nicht, ist nun leider mit begrifflichem Denken allein nichts mehr herauszubringen. Wenn die Fachwissenschaften so wären, wie sie sein sollten, bestünde keinerlei Grund zu der Vermutung, daß die Fachwissenschaftler nicht ihr jeweiliges Fachwissen in eine gemeinsame Beratung von Plänen zur Lösung eines konkreten Konfliktes einbringen könnten. Aber die gegenwärtige Situation der Wissenschaften ist ersichtlich nicht so, wie sie sein sollte: in der Gegenwart steht die Kooperation verschiedener Fachwissenschaften meist vor scheinbar unüberwindlichen Schwierigkeiten. Das ist eine Behauptung zur sogenannten Zeitgeschichte, die ich gleich näher begründen werde. Ich möchte nur vorher einfügen, daß ich mit dieser Behauptung über die Gegenwart nicht zugleich behaupten möchte, früher – also etwa im 17. Jahrhundert oder im 12. Jahrhundert an der Sorbonne oder im 3. Jahrhundert ante in Alexandrien – sei es anders gewesen. Es mag früher gewesen sein, wie es will. Von mir aus möchte der unglückliche Zustand der Inkooperativität der Fachwissenschaften schon auf die Schwierigkeiten zurückgehen, die Aristoteles hatte, seinen Lehrer Platon zu verstehen – seit damals haben wir ja faktisch die Existenz von »Schulen«, die gegeneinander, statt miteinander arbeiten.

Wir haben es in der Konfliktforschung mit Plänen für die Gegenwart zu tun – alles Historische kann nur Hilfsmittel sein.

Zum Beleg der Schwierigkeiten gegenwärtiger Kooperation der Fachwissenschaften zitiere ich die Erfahrungen, die Professor Weinrich am Bielefelder ZiF (Zentrum für interdisziplinäre Forschung) gemacht hat.

Er sagt z.B.: »Wir wissen leider aus vielen Begegnungen mit

[...] Wissenschaftlern [verschiedener] Fachbereiche, daß zwischen diesen Fächern [...] mehr oder weniger scharfe Kommunikationsgrenzen verlaufen.« Gegenüber dem Versuch, die Differenzierung der Fachwissenschaften wieder rückgängig zu machen, stellt Weinrich meines Erachtens mit Recht fest, daß das nichts als Romantik sei. Wir stehen aber vor der Tatsache, daß die zunehmende Differenzierung die Fächer gegeneinander »verhärtet und verkrustet« hat. Wörtlich: »Als Kruste dient [...] das Gehäuse der Terminologien und Nomenklaturen, die [...] mit großer Befriedigung rezipiert und reproduziert werden, weil sie so schön leicht lehrbar und lernbar sind.«
Seine Erfahrungen am ZiF faßt er dann so zusammen: »Typisch für echte interdisziplinäre Diskussionen ist [...], daß dabei sogleich Verständigungsschwierigkeiten auftreten. [...] Wenn nun alles gut geht, werden die anfänglichen Verständigungsschwierigkeiten [...] meistens nach einer Krise überwunden [...]. Es kann jedoch auch geschehen, daß ein Kolloquium aus den interdisziplinären Verständigungsschwierigkeiten nicht herausfindet [...].
Der interdisziplinäre Gesprächspartner macht sich häufig ein [...] Vergnügen daraus, die Kritik gerade bei den sonst [innerhalb des Faches] niemals angezweifelten *Grundlagen* anzusetzen. Das ist häufig die Ebene der Primärterminologie. [...] Mit dem Zwang also, sich im interdisziplinären Gespräch zumindest in anderer Terminologie, vielleicht sogar ohne eine Terminologie, d.h. in der Umgangssprache auszudrücken, wird [...] im *Glücksfall* die Routine aufgebrochen.«
Noch eine Erfahrung von Weinrich über die bestehende Verkrustung der Disziplinen in Terminologien hinaus, die erfahrungsgemäß nur »in Glücksfällen« – also durch eine *zufällig* gelingende umgangssprachliche Verständigung – überwunden wird, scheint mir festhaltenswert: »Es mag [...] im Einzelfall geschehen, daß sich eine [...] interdisziplinäre Runde durch den frech vorgetragenen Jargon einer Prestige-Wissenschaft blenden läßt. [...] Wenn die Gesprächspartner sich aber nicht einschüchtern lassen durch das Imponiergehabe, mit dem sich jede

Disziplin [...] gern spreizend zur Schau stellt, dann *kann* es dazu kommen, daß [...] die Terminologie als Nomenklatur und die Nomenklatur als Makulatur entlarvt wird.«

Weinrich ist um diese Erfahrungen nicht zu beneiden. Für einen Wissenschaftstheoretiker, der sein »Fach« nicht als Fach *neben* den Fachwissenschaften, sondern als Grundwissenschaft *unter* allen Fachwissenschaften auffaßt, sind diese Erfahrungen zudem auch leicht außerhalb des ZiF zu machen. Ich fürchte nur, daß wenn ich nur meine eigenen, sehr ähnlichen Erfahrungen aus der jahrzehntelangen Bemühung, die verschiedensten Fächer zur Besinnung auf ein gemeinsames Fundament zu bringen, geschildert hätte, daß dies dann als »philosophische« Interpretation – und damit als für Fachwissenschaftler »unverbindliche« Interpretation abgetan würde. Es ist aber eine Tatsache unserer gegenwärtigen geistigen Situation, daß die Verkrustung in Fachsprachen eine interdisziplinäre Kooperation schon aus sprachlichen Gründen nur in »Glücksfällen« gelingen läßt. Das hat noch gar nichts mit Wissenschaftstheorie zu tun – das kostet aber in Form von interdisziplinären Instituten sehr viel Geld. Solange die interdisziplinäre Forschung darauf angewiesen ist, daß die interdisziplinäre Verständigung (»Kommunikation« sagt man heute dazu) nur *zufällig* über die unkritisch verwendete Umgangssprache gelingt, so lange läßt sich der Aufwand für interdisziplinäre Forschung nicht durch die bloße Behauptung einer guten Chance für die Erreichung des Zwecks interdisziplinärer Forschung, insbesondere der Konfliktforschung, rechtfertigen.

Der Rückgriff auf die Umgangssprache als dem letzten Grund der Verständigung zwischen Wissenschaftlern, die sich daran gewöhnt haben, ihre Fachsprache unkritisch wie eine natürliche Sprache zu sprechen, ist ein Dogma, das vor etwa 30 Jahren in Oxford als »ordinary language philosophy« in die Welt gesetzt wurde. Als Reaktion auf die vergeblichen Bemühungen des Neopositivismus, eine Formalisierung aller Fachsprachen in einer symbolischen Einheitssprache zu erreichen, war die Analyse der Umgangssprache sicherlich ein wichtiger Schritt in der richtigen Richtung. Die Verabsolutierung der Umgangssprache (entgegen der Warnung Austins, daß sie »not the last word, but the first word« sei) hat dagegen der Überwindung der interdisziplinären Verständigungsschwierigkeiten keine bessere Chance gegeben. Man ist jetzt auf die zufällig gelingende Verständigung angewiesen. Solange man innerhalb des Themenbereichs der Umgangssprache bleibt, ist eine umgangssprachliche Verständigung allerdings keine Schwierigkeit. Diese Basis ist aber zu schmal, wenn man sich über Methoden und Ziele von Wissenschaften verständigen will.

Es ist zwar faktisch so, daß gegenwärtig die Umgangssprache im alltäglichen Leben gelernt wird und daß auf der Schule, und auch auf der Hochschule, der *Übergang* von der Umgangssprache zu einer Fachsprache in einer unkontrollierten, oft meist auch dem Lehrenden nicht bewußten Weise geschieht. Aber gerade daran scheitert dann, daß die eigene Fachsprache für ein interdisziplinäres Gespräch schrittweise eingeführt werden kann.

Um die Chance interdisziplinärer Verständigung zu verbessern – und damit die Chance, die Ziele interdisziplinärer Forschung überhaupt erreichen zu können –, ist es erforderlich, die ersten Schritte, die über das alltägliche Reden hinausführen, methodisch, d.h. in wohlgeordneter Reihenfolge, ohne Zirkel und ohne Sprünge, durchzuführen. Die Auffassung, daß die Umgangssprache die Basis aller Fachsprachen sei, ist für die interdisziplinäre Forschung unzureichend. Vielmehr muß sich jede interdisziplinäre Forschung als erstes explizit um die *Konstruktion* einer sprachlichen Basis bemühen, auf der dann die Fachsprachen schrittweise zu errichten sind.

Es ist auch noch richtig zu sagen, daß eine solche Basis in unmethodischer Weise »immer schon« von den natürlichen Sprachen konstruiert sei. Aber für die interdisziplinäre Forschung muß man dann hinzufügen, daß eine methodische Rekonstruktion dieser Basis erforderlich sei. Es ist eine Grundsprache, die *unter* allen Fachsprachen liegt, also eine infradisziplinäre Sprache, erst zu erarbeiten, ehe die weitere interdisziplinäre Forschung überhaupt eine Chance hat.

Für die »ordinary language philosophy« scheint zu sprechen, daß einander fremde Personen, wenn sie wenigstens aus demselben Lande stammen, zunächst keine andere Sprache als die natürliche Sprache des Landes gemeinsam haben. Das ist unbestritten.

Es folgt daraus aber gar nicht, daß diese zufällige Gemeinsamkeit darum auch gemeinsamer Bestandteil aller Fachsprachen bleiben müßte.

Wenn die analytische Philosophie dies behauptet – und diese ihre Behauptung wird z. Z. mehr oder weniger bewußt von den Fachwissenschaften übernommen –, dann wird damit zugleich auf eine methodisch kontrollierbare Grundlage aller Wissenschaft verzichtet.

Dieser Verzicht, der die wissenschaftliche Verständigung dem zufallsbedingten Wandel der Umgangssprache ausliefert, leugnet die Möglichkeit internationaler – genauer: interlingualer – Wissenschaft von Anfang an.

Wir sind dadurch – wissenschaftsgeschichtlich gesehen – tatsächlich wieder auf den Anfang aller kritischen Wissenschaft zurückverwiesen, nämlich auf den sokratischen, von Platon und Aristoteles weitergeführten Versuch, eine in allen Schritten kontrollierbare Wissenschaft aufzubauen.

Dieser Versuch hat bei Aristoteles zu dem Lehrgebäude der assertorischen und modalen Syllogistik geführt – und ist dann dort steckengeblieben, bis Ende vorigen Jahrhunderts das Fundierungsproblem aller Wissenschaften durch die Logik von Frege (im Anschluß an Leibniz) wiederaufgenommen worden ist. Frege beschränkte sich zunächst darauf, die für die Mathematik und Naturwissenschaften erforderlichen sprachlichen Mittel zu konstruieren. Schon das stellte sich als eine fast unlösbare Aufgabe heraus. Es ist bis heute über dieses Problem noch zu keinem allgemeinen Konsensus gekommen – aber ich darf wohl behaupten, daß die »konstruktive« Logik, wie sie in Erlangen gelehrt wird, gute Fortschritte macht.

Das führe ich darauf zurück, daß die konstruktive Logik nicht als Selbstzweck (oder als Beschäftigungstherapie für Mathematiker) betrieben wird, sondern bewußt nur als eine gemeinsame

Grundlage aller Fachwissenschaften. Sie reicht für die Mathematik und Naturwissenschaften aus, wenn man die Rechtfertigung der Zwecke, für deren technische Verwirklichung diese Wissenschaften gebraucht werden, aus der wissenschaftlichen Diskussion ausschließt.

Gerade dieser Ausschluß der »praktischen« Fragen (»praktisch« im Sinne einer praktischen Philosophie, die die Grundlagen der ethisch-politischen Wissenschaften liefern soll), gerade der Ausschluß der Fragen nach den Zwecken aus der wissenschaftlichen Diskussion ist es aber, der interdisziplinäre Verständigung nur dann – zufällig – gelingen läßt, wenn die Gesprächsteilnehmer keine unverträglichen Zwecke verfolgen. Das kommt in der Tat gegenwärtig immer wieder bei Wissenschaftlern vor, die – wie sie sagen – Wissenschaft als Selbstzweck betreiben. Aber damit läßt sich eben keine Konfliktforschung betreiben, weil dort über Zwecke, nicht nur über Mittel, vernünftig entschieden werden muß. Meine Konklusion aus dieser unserer Situation ist, daß die Logik um eine Ethik als gemeinsame Grundlage aller politischen Wissenschaften erweitert werden muß.

Im Rahmen dieses Vortrages kann ich die schrittweise Konstruktion einer die Ethik einschließenden wissenschaftlichen Grundsprache, die dann – anstelle der Umgangssprache – als gemeinsamer Grundlage aller Fachsprachen der interdisziplinären Verständigung eine gute Chance garantieren kann, nur als Programm andeuten: das Programm einer »kritischen Genese« von Wissenschaften.

Im Erlanger Philosophischen Seminar haben wir gut zehn Jahre an der Ausarbeitung des Programms gearbeitet. Ein erstes Ergebnis war die *Logische Propädeutik* mit dem leider etwas arrogant klingenden Untertitel *Vorschule des vernünftigen Redens*. Gemeint war, daß die *Logische Propädeutik* eine »Grundschule« des vernünftigen Redens über technische und politische Probleme nur vorbereiten sollte. Diese »Grundschule« ist vor kurzem als *Konstruktive Logik, Ethik und Wissenschaftstheorie* erschienen.

Unter dem Titel »Konstruktive Wissenschaftstheorie« wird darin ein methodisch strenger Aufbau von Wissenschaften an den Beispielen von Mathematik, Physik, Geschichte und (normativer) Kulturwissenschaft ein Stück weit vorgeführt. Jeder Fachwissenschaftler, z. B. der Historiker, sollte dem Aufbau z. B. der Physik, soweit er dort vorgetragen wird, folgen können.
Interdisziplinäre Verständigungsschwierigkeiten sind dadurch ausgeschaltet, daß den konstruktiven Theorien der Fachwissenschaften ein allen Disziplinen zugrunde liegender, also infradisziplinärer, Aufbau von Logik und Ethik vorangeht. Versteht man Logik im engen Sinne einer Lehre von der Zusammensetzung von Sätzen mit Hilfe eines eigens zu begründenden Systems von Partikeln (die dann »logische« Partikeln genannt werden), so muß der Logik eine Lehre der nicht logisch zusammengesetzten Sätze vorangehen. Das ist das Problem einer rationalen Grammatik. Schon hier hat man sich eventuell gegen die Syntax der eigenen Landessprache eine für Wissenschaftssprachen geeignete Syntax zu erarbeiten. Die »Eignung« hat sich von Anfang an daran zu erweisen, daß das wissenschaftliche Reden zur Lösung von technischen oder politischen Problemen (bzw. Konflikten) beitragen soll. Das wissenschaftliche Reden ist so von Anfang an einer Kontrolle durch zugehörige Handlungen unterworfen. An die Stelle der Umgangssprache tritt ein *empraktisch* kontrollierbarer Gebrauch von Termini, einschließlich geeigneter syntaktischer Mittel, die die Termini zu Sätzen zusammenfügen.
Schon im gewöhnlichen Leben müssen wir im Medium der Umgangssprache sprechen, argumentieren, denken. Wir müssen über Zwecke entscheiden und Mittel zur Verwirklichung unserer Zwecke wählen.
Dieses gewöhnliche Denken bezieht sich stets auf unsere je besonderen Lebenssituationen – es hängt von diesem Denken ab, ob unsere Entscheidungen über Zwecke und unsere Wahl von Mitteln »vernünftig« sind, d. h. ob sie »gerecht« und »klug« sind.

Der Ausdruck »vernünftig« weist dabei auf die Möglichkeit hin, daß unser gewöhnliches Reden, Argumentieren, Denken mehr oder weniger »gut« sein kann.
Um »besser«, also gerechter und klüger, argumentieren zu können, versuchen wir in Schulen und Hochschulen, das Entscheiden über Zwecke und die Wahl von Mitteln *methodisch* einzuüben. *Wissenschaftliches Denken* ist methodisch geübtes gewöhnliches Denken. Es bezieht sich nicht mehr auf unsere besonderen Lebenssituationen. In den Schulen sprechen und argumentieren wir nur über Situationen »im allgemeinen« und – zur Übung – über besondere historische Situationen. Der wissenschaftlich Gebildete hat das hier Gelernte auf seine besonderen Lebenssituationen anzuwenden. Diese Anwendungen können nicht vorweg gelernt werden, aber wissenschaftliche Erziehung ist die beste Vorbereitung auf die Entscheidungen und Wahlen unseres Lebens.
Das der wissenschaftlichen Erziehung zugrunde liegende Programm für ein methodisches Training in der Wahl von Mitteln bei gegebenen Zwecken führt zunächst zu dem *technischen* Wissen im modernen, weiten Sinn dieses Wortes. Die am weitesten entwickelten Disziplinen sind die Naturwissenschaften; aber auch die empirischen Sozialwissenschaften und die empirische Psychologie gehören in diesem Sinn zu dem technischen Wissen.
Für sie sind die Zwecke vorgegeben. Eine Situation wird allgemein beschrieben, und die Aufgabe besteht darin, sie in eine neue mit gewünschten Eigenschaften zu überführen. Wir müssen also zuerst lernen, wie eine gegebene Situation zu beschreiben ist. Wir müssen uns *Kenntnis* der relevanten *Tatsachen* verschaffen. Wir müssen dann hypothetisch *Gesetze* einführen, gemäß welchen sich Situationen verändern. Mit solchen Gesetzen *erklären* wir Veränderungen – worauf es hier aber ankommt, ist, daß wir nur mit solchen Gesetzen die Wirkungen unserer Handlungen *vorhersagen* können. Nur mit technischem Wissen können wir vernünftig Mittel für unsere Zwecke wählen.
Als Hilfsdisziplinen für diese »technische« Wissenschaft ent-

wickeln wir die Mathematik und den grundlegenden Teil der Physik, die allgemeine Mechanik, als Theorie der *Messungen,* wie sie von Physikern zur Beschreibung von Situationen verwendet werden.

In einem zweiten Schritt führt das Programm eines methodischen Trainings des Entscheidens über Zwecke zu dem »politischen« Wissen. Hier lernen wir, darüber zu urteilen, ob vorgebrachte (gewünschte) Zwecke menschlichen Bedürfnissen dienen – oder ob sie bloße Phantasieprodukte sind. Im gewöhnlichen Leben verfolgen wir ständig nicht-willkürliche Zwecke. Aber der Bereich unserer Zwecke ist zunächst sehr beschränkt. Wir haben zur Erweiterung dieses Bereichs die Handlungen anderer als Mittel für Zwecke *deuten* zu lernen. Und Zwecke können Mittel für andere Zwecke, also Unterzwecke von Oberzwecken, sein. Wir müssen hypothetisch *Normen* einführen, um deuten zu können: eine Handlung wird gedeutet durch die Annahme, daß der Handelnde gemäß einer Norm handelt, also so, *als ob* er einen allgemeinen Imperativ anerkannt hätte von der Form »Wenn du dich in der Situation S befindest, dann verwirkliche den Zweck A!«. Nur mit solchen Normen können wir Menschen, uns selbst eingeschlossen, *verstehen.* Ohne solche Normen und Normensysteme können wir insbesondere nicht unsere Kultur-Institutionen verstehen und begeben uns der Chance, über Zwecke vernünftig zu entscheiden.

Aber selbst mit einem hinreichend gebildeten *Verständnis* unserer Kultur-Institutionen, etwa in der Wirtschaft, der Rechtsprechung, der Gesetzgebung und all der kultivierten Formen von Arbeit und Müßiggang, bleibt das Problem, über die dann verfügbare Vielfalt von Normen »vernünftig«, also gerecht, zu entscheiden. Das Programm eines methodischen Trainings im Entscheiden über Zwecke verlangt, die *Rechtfertigung* von Normen zu erlernen. Wir müssen lernen, über die Frage zu *argumentieren,* ob angegebene Normen menschlichen Bedürfnissen gerecht werden oder nicht.

Das Bisherige ist eine Darstellung der Entwicklung des wissenschaftlichen Denkens als einer methodischen Stilisierung des

gewöhnlichen Denkens. In ihr bleibt für eine »Wissenschaftstheorie« nirgends eine Aufgabe; für alles Nötige scheinen die »technischen« und »politischen« Wissenschaften Sorge zu tragen. Das wäre in der Tat richtig – und für eine Wissenschaftstheorie bestünde keinerlei Bedürfnis –, wenn das Programm eines methodischen Trainings unseres technischen und politischen Denkens in den Einzelwissenschaften tatsächlich durchgeführt würde. Aber gerade dieser Punkt ist strittig.
Für Wittgenstein (und viele andere Vertreter der »analytischen« Philosophie) ist zumindest die »technische« Wissenschaft »in Ordnung«. In Übereinstimmung mit dem generellen Trend unserer Zeit, vom Erfolg der modernen Technologie fasziniert zu sein, wird es als erwiesen betrachtet, daß die technische Wissenschaft, allen voran die moderne Physik, paradigmatische Fälle methodisch aufgebauter Wissenschaft darstellt.
Aber schon ein Blick auf die »Grundlagen« der Naturwissenschaften zeigt ein ganz anderes Bild. In der Logik haben wir die – freilich in der Regel ignorierte – Unsicherheit über die Zulässigkeit des tertium non datur, in der Mathematik haben wir die besser bekannten Schwierigkeiten mit der Zulässigkeit von imprädikativen Komprehensionsprinzipien der Mengenlehre. Gehen wir zur allgemeinen Mechanik über (mit Geometrie und Kinematik als ersten Teilen, aber ohne die empirischen Gravitationstheorien), so geraten wir, methodisch gesehen, in eine Art Chaos. Doch wird es als Häresie betrachtet, daran zu zweifeln, daß die Relativitätstheorie eine »empirische« Begründung für diesen grundlegenden Teil der Physik geliefert hätte.
Wir sehen hier eine erste, von den in den Einzelwissenschaften behandelten verschiedene Aufgabe, nämlich die *ersten Schritte* methodisch durchzuführen, die erforderlich sind, *ehe* die eigentlichen Wissenschaften beginnen können. Das Treiben von *Logik* als methodische Einführung der »logischen« Partikeln (Negator, Junktoren, Quantoren und Modalitäten) gehört offensichtlich hierzu. Eine konstruktive Untermauerung der »axiomatischen« mathematischen oder der grundlegenden physikalischen Theorien (wie Mengenlehre oder Geometrie) wäre ein

weiterer Punkt. Wir sollten das faktische Treiben von Wissenschaftlern »analysieren«, wenn sie etwa aus Prämissen »logisch« Schlüsse ziehen, um anschließend zu (re-)konstruieren, also die erhaltenen »Teile« in einer kritischen, schrittweisen Konstruktion zusammenzusetzen und so zum logischen und mathematisch-physikalischen Vokabular für Wissenschaftssprachen zu gelangen.

In der »politischen« Wissenschaft ist die Situation noch entschieden umstrittener. Im Anschluß an Max Weber (und in der englischen Tradition an den Empirismus von Hume) wird schlechterdings geleugnet, daß es vernünftige Argumentationen über letzte Zwecke geben könne (»letzter« Zweck soll hier nur heißen: nicht mehr als Mittel auf einen Oberzweck bezogen – so wie wir z.B. im gewöhnlichen Leben zuweilen nicht deshalb essen, um uns für die Arbeit des nächsten Tages zu stärken, sondern einfach um des Essens willen, als »letztem« Zweck). Natürlich können Normensysteme, die unter gewissen Bedingungen letzte Zwecke vorschreiben, im Hinblick auf ihre Realisierbarkeit untersucht werden – aber das sind »technische« Probleme. Es kann auch untersucht werden, ob sie *faktisch* anerkannt werden, aber das führt bestenfalls zu einem *Verständnis* sozialer Phänomene, nicht zu vernünftigen Urteilen über Fragen der *Gerechtfertigtheit.*

Der Schritt vom bloßen Verstehen zu Werturteilen, vom *Verstehen* zum *Begreifen* in der Hegelschen Terminologie, wird von der überwältigenden Mehrzahl der »politischen« (Sozial-, Kultur-)Wissenschaftler nicht vollzogen. Und wird er es doch einmal, so entsteht sofort der Verdacht, daß der methodische Pfad der Wissenschaft verlassen wurde, daß Wunschdenken, Ideologie anstelle von Vernunft, am Werke sei.

Auch hier taucht die Aufgabe auf, ein Grundvokabular (die Logik darf jetzt als schon zur Verfügung stehend unterstellt werden) bereitzustellen, um die politischen Wissenschaften in Gang zu bringen. Ersichtlich genügt es nicht zu analysieren, was in den Sozialwissenschaften faktisch getan wird: es gibt keine allgemein anerkannten Normen darüber, welche Argumente über Normen diese als gerechtfertigt erweisen oder als ungerechtfertigt. Doch schließt dies nicht aus, daß man bei einer *kritischen Rekonstruktion* der Sprache der politischen Wissenschaft (paradigmatisch etwa Ökonomie und Jurisprudenz) zu vernünftigen Regeln für solche Argumente kommen kann. »*Ethik*« wäre ein passendes Wort für das Programm, ein Grundvokabular für alle politischen Wissenschaften konstruktiv zu erstellen. Eine Analyse von deutschen Wörtern, beginnend mit deontischen Modalitäten wie »sollen« und »dürfen«, über Wörter wie »Zweck«, »Mittel«, »Handlung«, bis hin zu den Wörtern »begehren«, »meinen«, »entscheiden«, »wählen« und den wertenden Ausdrücken »Bedürfnis« und »gerechtfertigt« (ich verwende »Bedürfnis« für »gerechtfertigte Begehrung«) genügt natürlich nicht. Nach dieser Analyse müssen wir eine methodische Rekonstruktion des Grundvokabulars vorschlagen, das für die in der Analyse ermittelten Zwecke ausreicht.

Logik, Ethik und *Wissenschaftstheorie*, d.h. die grundlegenden Schritte, durch die die Wissenschaften in Gang kommen, das sind die Teile, die zusammen ein »infradisziplinäres Wissen« bilden. Daß ein solches infradisziplinäres Wissen, das durch eine gemeinsam verstandene logische und ethische Terminologie formulierbar wird, nicht dem Zufall des Gelingens umgangssprachlicher Verständigung überlassen werden muß, sondern daß ein solches *Grundwissen* methodisch erarbeitet werden kann, ohne dabei schon Resultate gewisser Fachwissenschaften vorwegzunehmen, das ist das Programm der Konstruktiven Logik, Ethik und Wissenschaftstheorie. An der Verwirklichung dieses Programms wird im Rahmen des Erlanger Philosophischen Seminars gearbeitet, auch an einigen anderen Seminaren, z.B. in Konstanz, Hamburg, Aachen, und in den USA in Austin und Boston.

Für jede interdisziplinäre Forschung möchte ich den Vorschlag machen, die Erarbeitung eines infradisziplinären Wissens als einen vorbereitenden Schritt immer dann in Erwägung zu ziehen, wenn die interdisziplinäre Forschung an Verständigungsschwierigkeiten zu scheitern droht.

Zur Begründung trage ich – um es noch einmal zusammenzufassen – vor, daß die Zwecke interdisziplinärer Forschung, insbesondere der Konfliktforschung, nur dann eine begründbare Chance haben, erreicht zu werden, wenn die gegenwärtig immer wieder auftretenden Schwierigkeiten, sich interdisziplinär überhaupt zu verständigen, als Gegenstand eines eigenen Projektes methodisch in Angriff genommen werden. Die konstruktive Wissenschaftstheorie stellt einen ausgearbeiteten Vorschlag eines schrittweise lehrbaren infradisziplinären Wissens zur Diskussion. Der Vorschlag konstruiert ein Begriffsgerüst durch die Definition von z. Z. 456 Termini. Aber auch eventuelle Erweiterungen können nicht mehr als eine Grundschule des Wissens sein. Die *Hauptschule* des Wissens sind und bleiben die Fachwissenschaften selber. Und interdisziplinäre Forschung ist nicht für Wissenschaftstheoretiker, sondern für die *Fachwissenschaften* da, weil nur diese konkrete Konflikte lösen können, wenn sie zusammenarbeiten. *Wenn* sie zusammenarbeiten! Die Wissenschaftstheorie ist nur so weit vorrangig, als diese Bedingung nicht erfüllt ist. Um diese Bedingung zu erfüllen, um eine Zusammenarbeit nicht schon an Verständigungsschwierigkeiten scheitern zu lassen, ist es erforderlich, *erst* ein infradisziplinäres Wissen lehrbar zu machen.

Das Begründungsproblem politischen Wissens

Vor 2400 Jahren – das war 426 ante – war Sokrates gut 40 Jahre alt und versuchte schon nach Kräften, die ältere, von Thales und Pythagoras inaugurierte Naturphilosophie durch eine Moralphilosophie zu ersetzen. Sein Ziel war, die politische Rhetorik der Sophisten durch begründetes, nachprüfbares Reden ersetzen zu können.

Hundert Jahre später hatten Platon und Aristoteles dieses Programm in bewundernswerter Weise verwirklicht: es gibt seitdem eine ethisch-politische Philosophie, d. h., neben Fundamenten der Naturwissenschaften gibt es seitdem Fundamente der Kulturwissenschaften. Aber in der hellenistischen und römischen Antike setzt sich nicht die Wissenschaft durch, sondern Philosophie in mythisch-religiöser Form. Erst 1100 Jahre später, also um 775, wurden die *Elemente* Euklids ins Arabische übersetzt, und es dauerte insgesamt 2000 Jahre, bis mit Galilei und Newton eine neue wissenschaftliche Naturphilosophie, die neuzeitliche Physik, begründet ist. Das war vor 300 Jahren. Daher ist es erst 200 Jahre her, daß Kant wie Sokrates nach Kräften versuchen konnte, die Naturphilosophie durch eine Moralphilosophie zu ersetzen. Hundert Jahre später haben Hegel und Marx auf diesem Fundament eine Wissenschaft der Gesellschaft, also die Kulturwissenschaften, auf den Weg gebracht. In der Gegenwart befinden wir uns somit in einer analogen Situation wie etwa zur Zeit von Chrysipp: Wird es uns gelingen, die Kulturwissenschaften als kumulativ-fortschreitende Wissenschaften in Gang zu halten? Die Gefahr eines Absinkens in mythisch-religiöses Philosophieren ist diesmal gering, dafür aber die Gefahr, vom naturwissenschaftlichen Denken beherrscht zu werden, um so größer. Im Gegensatz zur Antike hat sich nämlich die sokratisch-kantische Wende von der Naturphilosophie zur Moralphilosophie bei uns bisher gar nicht durchgesetzt.

Und deshalb müssen wir uns heute noch mit so etwas wie einem »Begründungsproblem« politischen Wissens, also einem »Begründungsproblem« der Kulturwissenschaften, herumquälen.

Ich werde mich bemühen, im folgenden zu zeigen, daß es sich hier zwar nicht um ein »Scheinproblem« handelt, aber daß es sich um eine Trivialität handelt, die jeder, der Wissenschaft treibt, schon längst wissen sollte. Zunächst werde ich das Begründungsproblem formulieren, danach versuchen, seine Lösung zu zeigen.

Zunächst scheint es jedenfalls ein sehr schwieriges Problem zu sein. Denn das Wort »Wissenschaft« assoziiert sich seit gut hundert Jahren mit den, wie es bei Comte heißt, »positiven« Wissenschaften. Diese Wissenschaften lassen sich – simplifiziert – auf folgende Weise in ein System bringen. Man beginnt mit Mathematik (einschließlich formaler Logik) als der Lehre formaler Strukturen. Hieran schließen sich einerseits Wahrscheinlichkeitstheorie und Statistik an, andererseits die als Protophysik zusammenfaßbaren Theorien der fundamentalen physikalischen Meßgrößen, also der Definition von Raum- und Zeitmaßen und der Definition von Masse und Ladung. Auf dieser Basis läßt sich dann Physik als Aufstellung von empirisch überprüfbaren Hypothesensystemen treiben.

Spezielle Anwendungsgebiete der physikalischen Theorien sind die Geologie und Astronomie einerseits, die Biologie einschließlich Anthropologie und Soziologie andererseits. Die biologische Entwicklung (einschließlich der Kulturgeschichte) ist dabei nur ein Teil der Gesamtentwicklung des Kosmos. Dieses positive oder »naturalistische« System läßt sich in dem folgenden Schema darstellen:

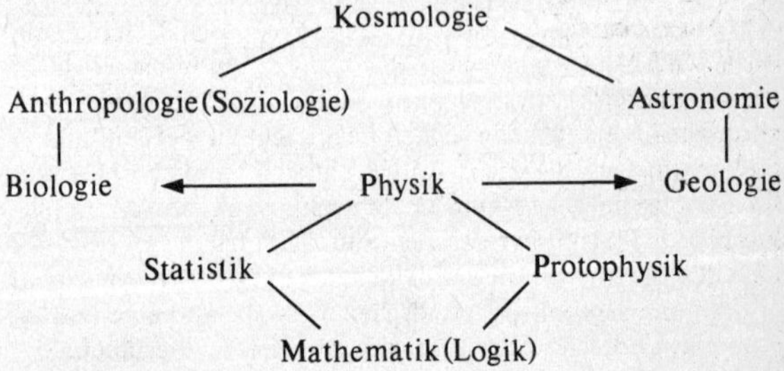

Wer sich bei dem Wort »Wissenschaft« an diesem System orientiert, für den ist es selbstverständlich, daß er bei »Begründung« einer wissenschaftlichen Aussage an die in diesen Wissenschaften üblichen Methoden denkt. Zunächst also an das Deduzieren wie in der Mathematik und an das empirische Überprüfen wie in der Physik. In der verstehenden Soziologie, soweit sie sich hier einordnen läßt, hat man es speziell mit Hypothesen über die Zwecke von Personen zu tun. Dadurch lassen sich viele Taten der Menschen als zweckrationales Handeln erklären. Auch das Treiben von Wissenschaft selbst ist zweckrational erklärbar. Daß die Mathematiker und Physiker Normen befolgen – und daß die Begründungen ihrer Aussagen von solchen Normensystemen abhängen, wie z. B. den logischen Regeln oder den Normen, die die physikalischen Meßoperationen definieren – diese Tatsache des normativen Fundaments der Naturwissenschaften, auf die die konstruktive Wissenschaftstheorie gern verweist, diese Tatsache ist für das naturalistische Wissenschaftsverständnis kein Hindernis, bei der Behauptung zu bleiben, daß sich Normen nur zweckrational begründen lassen. Unterstellt man, daß jemand schon den Zweck, das Interesse, habe, so viel wie möglich wissenschaftlich zu erklären, dann sind ihm alle diese Normen der wissenschaftlichen Methodologie als zweckmäßig anzudemonstrieren.

Sogar das Begründen von Elementarsätzen wie »Dies ist Werfen«, das durch exemplarische Einführung des Tatwortes »werfen« geschieht und das für die Konstruktivisten ein Paradigma des Setzens von Normen (also der politischen Vernunft) ist, ist für das naturalistische Wissenschaftsverständnis ebenfalls problemlos zweckrational zu deuten: Wer über Leute, die werfen, in wissenschaftlicher Weise reden will, benutzt zweckmäßigerweise ein Wort »werfen«, das durch Beispiele des Werfens definiert wird. Hier ist jedoch – so hoffe ich – das Mißverständnis deutlich. Der politischen Vernunft geht es nicht darum, *über* Leute zu reden, die werfen – ihr geht es darum, *mit* diesen Leuten zu reden, insbesondere mit ihnen über die Zwecke ihres Werfens zu reden, sei es mit Leuten, die eine Ehebrecherin steinigen wollen, oder mit Demonstranten, die Polizisten mit Steinen bewerfen.

Das sei nicht die Aufgabe des Wissenschaftlers, sondern des Moralisten oder Politikers, wird man dem entgegenhalten. In der Tat, wenn Wissenschaft definiert wird als eine Institution, in der man lernt und lehrt, wie man Sätze begründen und überprüfen kann, dann ist das Reden mit Demonstranten keine Wissenschaft. Allgemeiner: Die Beratung von Politikern ist keine Wissenschaft, sondern ist selbst Politik. Aber daraus folgt gar nicht, daß die Beratung nicht von äußerster Wichtigkeit wäre – oder gar, daß hier jedermann gleich gut beraten könne.

Stellt man die Frage, ob und wie man das Beraten lernen und lehren könne – nicht so, daß auf der Universität schon die politischen Entscheidungen fallen, sondern nur so, daß auf der Universität die zukünftigen Berater bestmöglich *vorbereitet* werden – stellt man sich diese Frage, ohne sich vom naturalistischen Wissenschaftsverständnis die Antwort vorgeben zu lassen (nämlich die Antwort, daß man wissenschaftlich nur die faktischen Zwecke der Menschen feststellen könne einschließlich der Zweckmäßigkeit von Mitteln), ja, dann hat man mit dem Versuch zu beginnen, politisches Beraten (Beraten über Zwekke) *einzuüben.* Gelingt eine Institutionalisierung des Einübens politischen Beratens, so wird man sich um das Wort »Wissenschaft« nicht streiten müssen – von mir aus könnte man auch von einer rationalen Rhetorik sprechen, von einer *Kunst,* politische Sätze zu begründen und zu überprüfen. In der Antike ist das sokratische Programm, eine »Akademie« zur Ausbildung von Politikern und Politikberatern zu gründen, gescheitert: die Philosophie wurde religiös – und die Rednerschulen lehrten emotionale Rhetorik, Literatur. Statt Sokrates setzte sich Isokrates durch. Der Kantische Versuch, praktisches (d. h. politisches) Reden lehrbar zu machen – Kant spricht deswegen von praktischer Vernunft –, hat bisher zu den Wissenschaftssystemen von Hegel und Marx geführt.

Unter Einbeziehung der post-marxschen Entwicklung der Wissenschaften in den letzten hundert Jahren möchte ich parallel zu dem naturalistischen System der Wissenschaften ein ebenfalls auf 3 mal 3 Glieder simplifiziertes »kulturalistisches« System der Wissenschaften skizzieren. Das Schema ist das folgende:

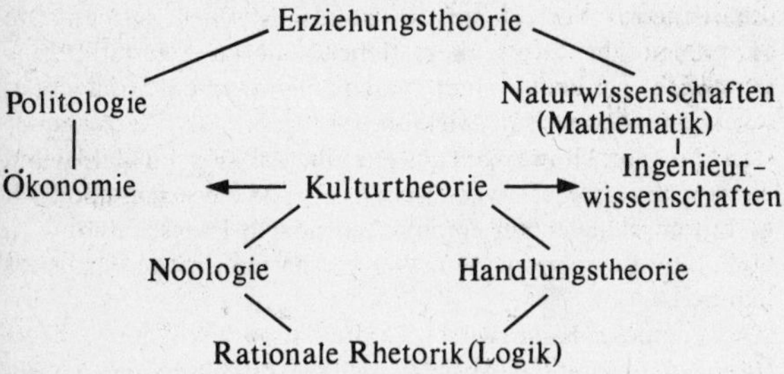

Die Physik, das Zentrum des naturalistischen Systems, ist hier nur in der rechten oberen Ecke zu finden. Dafür war Kulturtheorie, die jetzt das Zentrum besetzt, im naturalistischen System nur in der linken oberen Ecke zu finden. Auch die neuen Basisdisziplinen (die rationale Rhetorik, die Noologie – auf englisch: theory of mind – und die Handlungstheorie oder Ethik) wären in dieser Ecke zu suchen. Für den Naturalismus sind die Basisdisziplinen aller Wissenschaften Mathematik, Statistik und Protophysik. Diese sind jetzt in der rechten oberen Ecke versteckt. Man sieht daraus, daß wir es hier wirklich mit einem »Begründungsproblem« zu tun haben: Lassen sich die Kulturwissenschaften nur weit oben in einem Gesamtsystem von Wissenschaften begründen, das mit Mathematik und Statistik beginnt – oder sind umgekehrt die Naturwissenschaften nur weit oben in einem Gesamtsystem zu begründen, das mit rationaler Rhetorik und Ethik beginnt? Dieses Begründungsproblem scheint schwierig zu sein. Es ist ein wissenschaftstheoretisches Problem, da es darum geht, welche Wissenschaften in welcher Reihenfolge als Wissenschaften überhaupt möglich sind. Die positivistische Wissenschaftstheorie, ebenso die analytische Wissenschaftstheorie wie die post-analytische Wissenschaftstheorie Poppers verteidigen ein naturalistisches System – in Übereinstimmung mit der großen Mehrheit der (westlichen) Natur- und Sozialwissenschaftler.

Nur marxistische Theoretiker und die konstruktive Wissenschaftstheorie verteidigen ein kulturalistisches System. Die Hermeneutiker – wenn diese Nebenbemerkung gestattet ist – verteidigen gar kein System. Argumente in diesem Streit gibt es – verständlicherweise – wie Sand am Meer. Am überzeugendsten klingt der Hinweis auf das Faktum, daß sich seit Galilei und Newton nur die Naturwissenschaften – und die sich methodisch hieran anschließenden empirischen Sozialwissenschaften – zu kumulativ-fortschreitenden Wissenschaften institutionalisiert haben.

Alle Versuche, Kulturwissenschaften in politischer Absicht zu treiben – also mit der Absicht, auch die Zwecksetzungen unserer Kultur kritisch auf ihre Begründbarkeit zu überprüfen –, alle diese Versuche haben bisher zu keinem sichtbaren Fortschritt geführt. Sie sind Literatur geblieben. Die Antwort auf diesen Hinweis ist, daß dieses Faktum als ein wissenschaftsgeschichtliches Unglück zu erklären sei. Man sei nach der Befreiung von der Religion leider der Faszination der Technik erlegen, auch – oder sogar in erster Linie – seien die kapitalistisch-wirtschaftlichen Verhältnisse an dieser Fehlentwicklung schuld. Es sei wegen dieser Fehlentwicklung desto dringender, jetzt endlich mit einer Kulturrevolution aller Wissenschaften zu beginnen. Diese Diskussion führt leicht vom Hundertsten zum Tausendsten. Was nützen »Erklärungen« von historischen Fakten? Was tut man denn da überhaupt, wenn man Geschichte »erklärt«? Schon diese Fragen sind nur in Abhängigkeit vom jeweiligen – naturalistischen oder kulturalistischen – Wissenschaftsverständnis zu beantworten.

Dogmatiker versuchen gern, über das bloß Faktische hinauszukommen: man versucht zu zeigen, daß politische Wissenschaften nicht *möglich* sind. Es könne z.B. keine wissenschaftliche Ethik geben. Diese Versuche gelingen nur dann, wenn man das Wort »Wissenschaft« vorher geeignet einschränkt. Ist man bereit, das eigene wissenschaftstheoretische Dogma aufzugeben, ist man bereit, jede neue Redekunst, soweit sie nur institutionell lehrbar ist, als »Wissenschaft« anzuerkennen, dann ist nicht mehr auszuschließen, daß eine solche neue »Wissenschaft«, eine »rationale Rhetorik«, die Beratungen über Zwecke lehrt, *möglich* ist – aber daß sie *wirklich* ist, das müßte von den Kulturalisten erst vorgeführt werden.

Darauf, so hoffe ich, wird sich ein undogmatischer Kulturalist gern einlassen. Er nimmt seine Dialogpartner beim Wort und sagt: »Gut, beginnen wir beide gleich damit, uns ins politische Beraten einzuüben!« Dann verlangt der andere aber zuerst eine Antwort auf die Frage, wozu diese Einübung denn nützen solle. Er fragt nach dem Zwecke. Es liegt nahe, hier zu versuchen, den Frager zu fangen: »Du fragst nach dem Zwecke? *Also* willst du dich mit mir über Zwecke beraten, *also* ist dieser Dialog schon Verwirklichung politischen Beratens.«

Das ist aber leider nicht zwingend – auch dann nicht, wenn man diesen Schluß ein »transzendental-pragmatisches« Argument nennt. Der Frager wird ja – vermutlich – nur gefragt haben, ob das Einüben politischer Beratungen zu einem *seiner* Zwecke (also der Zwecke, die er schon hat) nützlich sei. Daß er aufgrund von Reden seine Zwecke eventuell ändern wolle, hat er nicht gesagt. Es ist für einen modernen Intellektuellen leicht – so wie es schon für die Sophisten zu Platons Zeiten leicht war –, sich konsequent nur an technischen Beratungen zu beteiligen. Man kann solche Leute dann »Subjektivisten« nennen, weil sie nur ihre »subjektiven« Zwecke kennen (die selbstverständlich beliebig altruistisch sein können, wie z. B. schon bei Comte). Ein Subjektivist ist kein Egoist. Das Wort »Subjektivist« ist nach dieser Definition kein polemisches Wort. Polemisch wird es erst, wenn man den Subjektivisten eine *halbierte* Vernunft, eine auf technische Vernunft *reduzierte* Vernunft zuspricht. Aber das ist ein Zirkelschluß, weil ja die Wirklichkeit von sogenannter praktischer (politischer) Vernunft erst noch zu zeigen ist.

Dafür gibt es wieder viele Argumente. Für den kulturalistischen Wissenschaftler oder Wissenschaftstheoretiker klingt wieder

der Hinweis auf das Faktum verwirklichter Transsubjektivität am überzeugendsten. Und jetzt stehen nicht nur 300 Jahre, sondern 3000 Jahre Kulturgeschichte zur Verfügung, um Beispiele zu finden, in denen immer wieder Menschen sich über ihre Zwecke beraten haben – und sich haben beraten lassen: sie waren offen dafür, ihre (subjektiven) Zwecke aufgrund von Reden zu ändern: ihre Subjektivität, wie die Theologen sagen, zu transzendieren. Sie waren transsubjektiv. Ob man das Gilgamesch-Epos oder die Veden liest, Homer oder das Alte Testament – überall tritt uns der Mensch als ein Wesen entgegen, das über den Sinn seines Tuns grübelt, wenn auch oft vergebens. »Es ist alles eitel, Eitelkeit der Eitelkeiten«, sagt der Prediger.

Nun ja, »vorwissenschaftliche Sprüche«, so wird der naturalistische Wissenschaftler diese Fakten abtun. Dann gibt es aber das Faktum institutionalisierter Rechtsprechung, kodifiziert seit Hammurabi bis zum modernen Richterrecht. Die altjüdischen Richterkönige wie Salomon, die griechischen Gesetzgeber wie Solon, die römischen Juristen, die großen englischen Richter – überall finden wir politische Vernunft verwirklicht, selbstverständlich überall mit Unvernunft vermischt, aber doch stets den Versuch, die eigene Subjektivität zu überwinden. Die Gerechtigkeit ist blind, weil sie »ohne Ansehen der Person« urteilt. Überparteilichkeit, Transsubjektivität ist die professionelle Tugend des Richters.

Außerhalb unserer Kulturtradition gab es z.B. bei den Indianern »Friedenshäuptlinge«, deren gerechter Rat auch von fremden Stämmen eingeholt wurde.

Man kann auch Fakten aus Kleingruppen heranziehen. Schon in der Familie und im Betrieb bildet sich häufig Autorität aufgrund politischer Vernunft heraus: es wird im privaten Leben nicht nur über Mittel, sondern gerade auch über Zwecke Rat gesucht. Familienberatung und Berufsberatung – früher machte das der Seelsorger –, alles das wird sinnlos, wenn es sich als bloß technische Beratung versteht, von der Psychotherapie ganz zu schweigen. Was macht der Naturalist mit diesen Fakten? Selbstverständlich erklärt er sie weg. Das seien alles Reste unaufgeklärter

Vernunft. Rechtsnormen seien nur Steuerungsmechanismen sich selbstbehauptender Systeme. Politisches Wollen erfordere nur technische Vernunft. Dazu erlaube ich mir, Hermann Lübbe zu zitieren: »Vernünftig [...] ist, was wir tun müssen, um zu erreichen, was zu erreichen wollen wir uns einig sind; und wenn wir uns darüber nicht einig sind, so ist, was wir dann wollen sollten, als vernünftig [...] dargetan, wenn dargetan ist, daß wir es wollen müssen, um zu erreichen, was darüber hinaus erreichen zu wollen wir uns zumindest einig sind – und so fort.«

Man bringt die faktischen Zwecke, die faktischen Interessen, auf den kleinsten gemeinsamen Nenner und sucht dann geeignete Mittel mit den geringsten störenden Nebenwirkungen. Da das immer nur unvollkommen gelingt, ist die Menschheit auf permanente Beratung über Fakten und Techniken angewiesen, auf mehr nicht.

Läßt sich auf diese Weise das Faktum der politischen Vernunft, daß die Kulturgeschichte immer wieder Transsubjektivität verwirklicht hat – insbesondere in der Figur des gerechten Richters –, läßt sich dieses Faktum allein durch technische Vernunft, vermischt mit Unvernunft, deuten?

An dieser Stelle kann die Diskussion wieder leicht vom Hundertsten zum Tausendsten kommen. Der Naturalist muß ja alles, was auch geschehen sein mag, mit seinem Vernunftverständnis deuten. Die Begründung der Kulturwissenschaften auf das vorgängige Faktum immer schon partiell verwirklichter politischer Vernunft erweist sich daher als abhängig vom Wissenschaftsverständnis.

Und diese Abhängigkeit erzeugt den Schein, das Begründungsproblem politischen Wissens sei schwierig, ja unlösbar. Ich bleibe trotzdem dabei, daß dieses Problem eine triviale Lösung hat.

Ehe man sich auf schier endlose Diskussionen darüber einläßt, ob die Kulturgeschichte partiell nur technische Vernunft verwirklicht hat oder partiell technische *und* politische Vernunft verwirklicht hat – ehe man sich darauf einläßt, frage man zuerst, zu welchen Zwecken man dann überhaupt Geschichte deuten will. Nach dem Muster der Vergangenheitserklärungen

für Naturprozesse, z. B. in der Geologie, ist diese Frage für den Naturalisten kein Problem: er will möglichst viele Geschehnisse als gesetzmäßig geschehen erklären – also auch beliebig zurückliegendes Geschehen, also auch Geschichte.
Der Naturalist kommt daher aus seinem Wissenschaftsverständnis zwangsläufig zur Erklärung aller Kulturgeschichte aus bloß technischer Vernunft, vermischt mit Unvernunft.
Der Kulturalist kommt ebenso zwangsläufig aus seinem Wissenschaftsverständnis dazu, immer wieder stückweise Verwirklichungen politischer Vernunft in der Kulturgeschichte zu finden. Denn er treibt Wissenschaft, um sich ins politische Beraten einzuüben – mit den Taten der Toten (und das ist ja der Stoff unserer Geschichte) wird er sich also nur beschäftigen, um daran, am Vorbild der Vorfahren, politisches Beraten zu lernen. Wer in der Kulturgeschichte keine politische Vernunft sucht, wird sie auch nicht darin finden. Das stammt von Hegel – ist aber trivial. Und nun kommt die folgende Trivialität hinzu: Wer politische Vernunft sucht, wird sie auch finden. Hierauf reduziert sich unser Begründungsproblem.
Natürlich ist der Satz nicht so trivial, daß er allgemein gilt. Wer etwas sucht, z. B. Einhörner, wird sie nur dann finden, wenn es Einhörner gibt. Bei der politischen Vernunft ist es aber anders als mit Einhörnern, wie noch zu zeigen sein wird. Nehmen wir für den Moment an, es sei so – was folgt daraus für das sogenannte Begründungsproblem? Nun, es folgt daraus, daß derjenige, der anfängt, sich ins politische Beraten einzuüben, sich darauf berufen kann, daß er nur täte, was immer schon alle gerecht denkenden Personen in Geschichte und Gegenwart getan hätten.
Genauso argumentiert selbstverständlich der Naturalist. Wenn er anfängt, Wissenschaft zu treiben, beruft er sich darauf, daß er nur täte, was immer schon alle wissenschaftlich denkenden Personen (zumindest seit Newton) in Geschichte und Gegenwart getan hätten.
Aber mit dieser Parallelisierung ist der Streit eindeutig zugunsten der Kulturalisten entschieden. Denn dieser leugnet ja nicht, daß man auch technisches Beraten einüben solle. Die

ganze Vernunft, die er vertritt, besteht aus politischer *und* technischer Vernunft. Der Naturalist, der dies leugnet, kann sich jetzt nur noch dadurch verteidigen, daß er behauptet, er habe sich zwar Mühe gegeben, politische Vernunft zu suchen, aber er habe sie nicht gefunden.
Wenn wir diese Behauptung widerlegen können, ist das Begründungsproblem gelöst. Es werden damit die Kulturwissenschaften in politischer Absicht nicht plötzlich vorhanden sein, aber das Begründungsproblem, das uns hindert, sie – im Anschluß an Hegel, Marx *und* z. B. Max Weber oder Keynes – in Gang zu halten, wird dann aus dem Wege geräumt sein.

Ich möchte nun zeigen, daß man politische Vernunft nur zu suchen braucht, um sie zu finden. Der Trick ist, daß man sie methodisch suchen muß. Und daß man einen Ausgangspunkt nehmen muß, der auch für den Naturalisten zugänglich ist.
Man versuche das – probeweise – zunächst mit sogenannten anthropologischen Behauptungen, wie sie seit Aristoteles zur Begründung der Ethik üblich sind. Das klassische Beispiel stammt von Aristoteles selbst: »Der Mensch ist ein Redetier« (ζῶον λόγον ἔχον).
Nun, wissenschaftlich gesehen, würde man wohl den Satz, der Mensch sei ein Säugetier, für besser begründet halten. Aber Aristoteles kam es auf eine spezifische Differenz zu den Säugetieren an, er wollte nämlich dann den normativen Schluß ziehen, daß der Mensch seine spezifische Differenz, das Reden, möglichst vervollkommnen *solle.* Dieser Schluß müßte dann für alle spezifischen Differenzen gelten. Davon gibt es aber zu viele. Unter allen Säugetieren hat nur der Mensch Musik, nur der Mensch braucht Geld, nur der Mensch macht Krieg. Er ist also z. B. ein Geldtier und ein Kriegstier. Darüber, was er sein solle, folgt daraus gar nichts.
Der Mensch hat viele Fähigkeiten. Nur eine davon ist das Reden. Das Wort »Redetier« paßt daher nur auf die Menschen, für die das Reden das Wichtigste ist. Man nennt sie üblicherweise »Intellektuelle«, und darunter fallen insbesondere alle Natur- und Kulturwissenschaftler und alle Wissenschaftstheo-

retiker. Für unsere Aufgabe, zu zeigen, wie man politische Vernunft suchen muß, um sie zu finden, haben wir damit einen geeigneten Ausgangspunkt für alle Wissenschaftler. Wir sind alle Intellektuelle, wir haben das gemeinsame Interesse zu reden, miteinander und mit anderen. So weit, so gut. Jetzt gilt es methodisch vorzugehen. Was tun wir, wenn wir reden? Wir antizipieren die ideale Kommunikationsgemeinschaft der praktisch Vernünftigen, sagt Jürgen Habermas. Aber das sagt er nur, weil er – wie Aristoteles – von einem Sein auf ein Sein-Sollen schließen will: wir sollen praktische Vernunft, die sogenannte ideale Kommunikation des transsubjektiven Miteinanderberatens, verwirklichen.

Ohne Zirkel und Sprünge vorgehend, müssen wir statt solcher Behauptungen über das Reden erst die Sätze betrachten, die wir reden. Nur dann können wir erfahren, was wir tun, wenn wir reden.

Aber leider reden die Menschen vielerlei Sätze. Chinesische, arabische, spanische z. B., lange und kurze, korrekte und inkorrekte. Die Regeln der Grammatik sind kontingente Produkte der Kulturgeschichte. Um zu begreifen, was wir tun, wenn wir reden, nützt es daher nichts, alle die faktischen Grammatiken zu untersuchen. Wir müssen das Reden, das wir Intellektuelle als unsere Aufgabe haben, kritisch rekonstruieren. Transkulturell, d. h. unabhängig von der Kulturzugehörigkeit, können wir uns jedenfalls dann mit jedermann verständigen, wenn wir zunächst nur Ein-Wort-Sätze empraktisch, d. h. eingebettet in unser Handeln, benutzen.

Der einfachste Fall sind Ein-Wort-Imperative mit einem Tatwort p, im Deutschen z. B. »wirf«, »hol«, »lauf« usw. Mit einem Eigennamen N für den Adressaten normieren wir die Form dieser Sätze zu: N !p.

Aussagen darüber, ob der Imperativ befolgt wird oder nicht, sind ebenfalls empraktisch kontrollierbar. Wir geben ihnen die Form:

$$N \; \pi \; p$$
$$\neg \, N \; \pi \; p$$

Hierbei kann die Kopula π (von πράττειν) im Deutschen etwa als »tut« gelesen werden. ¬ ist der Negator. Auch Mehr-Wort-Imperative sind noch empraktisch zu kontrollieren, etwa die Kombination von Tatwörtern mit Dingwörtern q wie in: »Wirf den Stein!«, »Hol Wasser!« usw. Als Normierung sei vorgeschlagen:

!p q

Sogar die durch unser Handeln bewirkten Veränderungen der Dinge sind noch empraktisch kontrollierbar, also auch die Aussagen über solche »Geschehnisse«, wie im Deutschen z. B.

»Der Stein rollt«,
»Das Holz brennt«.

Für eine rationale Sprache sei als Form vorgeschlagen:

q ϰ p

mit einer Kopula ϰ, die im Deutschen etwa durch »ist am« wiedergegeben werden kann. (ϰ soll an ὑποκειμένου erinnern.) Die Variable p steht jetzt auch für Geschehniswörter, für die – im Gegensatz zu den Tatwörtern – kein Imperativ sinnvoll ist. Die Geschehnissätze lassen sich anschließend auch für nicht von uns bewirkte Geschehnisse benutzen. Das sind deskriptive Sätze. Für den Aufbau einer wissenschaftlichen Sprache vereinbaren wir auf diese Weise Normen unseres Redens.
Ich übergehe hier die Einführung von Kennzeichnungen (im Deutschen mit dem bestimmten Artikel) und die Möglichkeit, neben den bisherigen »Hauptwörtern« (nämlich den Geschehnis- bzw. Tatwörtern und den Dingwörtern) noch den Gebrauch von *Bei*wörtern (die wir im Deutschen als Adverbien und Adjektive kennen) methodisch zu rekonstruieren. Es genügt hier, daß wir durch die deskriptiven Sätze A die Unterscheidung zwischen

Handlungsimperativen !p (mit einem Tatwort p)

und

Zweckimperativen !A (mit einer Aussage A)

begründet haben. Ich nenne diese Imperative »Zweckimperative«, weil ich den durch A dargestellten Sachverhalt – das ist ein Abstraktum, kein Geschehnis – den *Zweck* des Imperativs (und seiner Befolgung) nennen möchte.

Die Abstraktion, die hier vorgenommen wird, begründet sich dadurch, daß nur so unsere Rede von Zwecken unabhängig von der benutzten Sprache wird. Auf der methodischen Suche nach dem, was wir tun, wenn wir reden, sind wir damit bei den Zwekken angelangt. Aber wir sind ja auf dieser Suche, um eventuell politische Vernunft zu finden. Diese können wir jetzt näher eingrenzen als ein Argumentieren über Zweckimperative. Gibt es das?

Einen Schritt, der uns – wenn überhaupt – dahin führen könnte, »gibt« es jedenfalls: wir können aus den bisherigen elementaren Aussagen durch logische Partikeln komplexe Aussagen konstruieren. Das bedeutet – darüber besteht sogar unter den Logikern z. Z. faktischer Konsens –, daß wir zumindest die argumentative Verwendung von drei logischen Partikeln: Negator $\neg$, Konjunktor $\wedge$ und Allquantor $\bigwedge$ zu begründen haben.

Ich lasse dahingestellt, ob dies – wie ich meine – nur dialogisch gelingt. Für den Subjunktor $\rightarrow$ (im Deutschen: wenn – dann) sehe ich allerdings keinen anderen Weg. Er liefert *bedingte* Sätze der Form $B \rightarrow A$: »Wenn die Bedingung B, dann die Aussage A«.

Jetzt können wir die Frage in Angriff nehmen, wie wir überhaupt Zweckimperative befolgen können. *Unmittelbar* können wir ja nur Handlungsimperative befolgen. Um, von Zweckimperativen ausgehend, zu Handlungsimperativen zu kommen, müssen wir gewisse Sätze über die Zukunft benutzen, d. h. mit ihnen rechnen. Durch unmittelbare Handlungen können wir jedenfalls einige Sachverhalte verwirklichen. Ich kann z. B. dieses Stück Kreide q über den Rand des Tisches schieben. Das sei dann der Sachverhalt S. Will ich aber, daß q auf den Boden fällt (das sei der Zweck A), dann werde ich S nur dann verwirklichen, wenn ich damit rechne, daß dann A *sein wird.* »Daß A sein wird« ist grammatisch im Deutschen ein Indikativsatz. Es ist aber sinnlos, futurische Sätze als wahr zu behaupten, so wie man deskriptive Sätze schlicht als »richtig« behaupten kann. Man kann nur empfehlen, damit zu rechnen, daß sie »richtig« *werden.* Den futurischen Imperativ »Rechne damit, daß A sein wird!« möchte ich kurz durch *A notieren. Das sind Klugheitsimperative. Da es sich um einen Sonderfall der Imperativsätze handelt – sie richten sich nur an das Denken –, bitte ich um die Erlaubnis, dafür ein neues Wort zu verwenden: die futurischen Klugheitsimperative mögen kurz »Futurative« heißen.

Wir können dann diese Überlegungen so zusammenfassen: Wer den Zweckimperativ A befolgen will und dazu den bedingten Futurativ $S \rightarrow {*A}$ befolgt, der wird unmittelbar S wollen.

Was tun wir, wenn wir so miteinander reden? Wir sind jetzt so weit, daß wir nur noch einen Schritt brauchen, um beim *rationalen* Reden im Sinne institutionell lern- und lehrbaren Redens (ob man es »Wissenschaft« nennen will oder nicht) wirklich angelangt zu sein. Wir brauchen jetzt nur noch beim Reden *über* Imperative und Futurative zu Allsätzen überzugehen, d.h. zu generellen bedingten Imperativen

$$\bigwedge_x . B \rightarrow !A$$

und zu generellen bedingten Futurativen

$$\bigwedge_x . B \rightarrow {*A}.$$

Von Sätzen der ersten Art sagt man gewöhnlich, daß sie *Normen* darstellen: »Immer wenn B, dann verwirkliche A!« Sätze der zweiten Art stellen *Gesetze* dar – oder, moderner ausgedrückt, Hypothesen: »Immer wenn B, dann rechne damit, daß A sein wird!«

Gewöhnlich wird allerdings der Futurativ durch einen futurischen Indikativ ersetzt: »Immer wenn B, dann wird A sein« – so sollten aber nur Wahrsager reden. Wer diesen Schritt der Generalisierung bei unserer Suche nach der Vernunft (nach rationalem Argumentieren über Mittel *und* Zwecke) nicht mitmacht, der wird sie nicht finden. Aus dem Streit um Einzelimperative $!A_1, !A_2 \wedge ! \neg A_1$ usw. (Verwirkliche A_1! Nein, A_2 und nicht A_1! usw.) und Einzelfuturative $*A_3$, $*A_4 \wedge * \neg A_3$ usw. (Rechne damit, daß A_3 sein wird! Nein, mit A_4 und nicht A_3! usw.) kommt man nur heraus, wenn man über das Verwirklichen und Rechnen der streitenden Personen hinaus zu generellen Sätzen, abstrakt zu Normen und Gesetzen übergeht. Eine Klugheitsnorm B → *A wird üblicherweise damit begründet, ein Indikativsatz B → A_t sei »wahr«. Diese »Wahrheit« ist aber nur eine Ontologisierung des Normativen. Selbstverständlich ist man jetzt im Streit der Intellektuellen miteinander, *welche* Normen und Gesetze den streitenden Parteien zu empfehlen sind. Aber man ist dann bei rationaler Argumentation angelangt, man ist bei institutionalisierbarem Lernen und Lehren (ich würde das »Wissenschaft« nennen) angelangt, wenn man auch jetzt als *Prinzip* festhält, daß man über die generellen Sätze nur ohne Ansehen der Person, also transsubjektiv, argumentiert: das bloß Subjektive ist von Anfang an in allen Argumentationen zu transzendieren.

Das haben wir nämlich während der ganzen Suche nach der politischen Vernunft immer schon getan – und deshalb ist es trivial, daß, wer sie (transsubjektiv) sucht, sie auch findet.

Die Transsubjektivität auf der erreichten Stufe bedeutet – in einer Formulierung von Oswald Schwemmer –, »daß die Wörter für jeden beliebigen lehrbar und die Sätze für jeden beliebigen annehmbar gemacht werden«.

Zur Verwirklichung der Vernunft, zum rationalen Argumentieren über Normen und Gesetze, braucht man als erstes Modallogik. Das ist für Normen unter dem Namen »deontische Modallogik« bekannt. Man formuliert bedingte Imperative B → !A als bedingte Gerechtigkeitsgebote: B → Δ!A (mit Δ! für »geboten«) und kann dann modallogisch von angenommenen Normen auf weitere schließen. Die Modallogik liefert selbstverständlich keine Basisnormen, aber für uns gibt es wenigstens ein normatives Prinzip unseres Argumentierens über Normen: das ethische – protopolitische, wenn man so will – Prinzip der Transsubjektivität.

Für Gesetze ist es weniger üblich, die bedingten Futurative B → *A als bedingte Modalsätze

B → Δ*A

zu formulieren, aber die Definition einer »relativen Notwendigkeit« durch das, was aus angenommenen Futurativen logisch folgt, liefert genau die übliche sogenannte ontische Modallogik. Δ^* kann daher als »notwendig« gelesen werden. Es zeigt sich hier, daß die berühmte Humesche Lücke, die verbietet, logisch von Indikativen zu Imperativen überzugehen, genauso für den Übergang von Indikativen zu Futurativen gilt. Es handelt sich beide Male um den trivialen modallogischen Satz, daß

$$B \to \Delta A$$

mit schlichten (d.h. modal-freien) A und B nur dann *logisch* gilt, wenn B logisch-falsch oder A logisch-wahr ist.

Wie man mit einer solchen rational konstruierten Wissenschaftssprache einschließlich konstruktiv begründeter Logik und Modallogik im einzelnen erfolgreich technische und politische Wissenschaften treiben kann, das ist kein Gegenstand der allgemeinen Wissenschaftstheorie: das kann man nur in kritischer Auseinandersetzung mit den faktisch schon vorhandenen Natur- und Kulturwissenschaften tun. Für die Naturwissenschaften setze man sich dazu kritisch mit Euklid, Galilei, Huygens, Newton usw. auseinander.

Für die Kulturwissenschaften hat man sich durch die faktischen Genesen unserer kulturellen Normensysteme, einschließlich ihrer Kritik, wie sie z.B. von Hegel, Marx, Max Weber und Keynes vorgetragen worden ist, hindurchzuarbeiten. Da diese Texte alle in der traditionellen Bildungssprache geschrieben sind und bekanntlich einander widersprechen, müßten sie dazu – soweit es sich lohnt – allerdings erst in eine rational überprüfbare Sprache übersetzt werden. Solche Übersetzungen einiger platonischer und aristotelischer Texte wären meines Erachtens ebenfalls nützlich.

Für diese fachwissenschaftlichen Aufgaben, für die die Juristen, Ökonomen, Politologen usw. verantwortlich sind, reicht die bisher skizzierte Rekonstruktion unseres wissenschaftlichen Redens aber nicht aus. Man braucht dazu, wie im kulturalistischen Schema angegeben ist, die theoretische Klärung der noologischen und ethischen Grundbegriffe. Ich möchte daher zum Schluß die Rekonstruktion einiger dieser Grundbegriffe vortragen.

Da wir nicht nur aufgrund von Reden handeln – man fordert sich zumeist nicht durch explizit formulierte und laut geäußerte Sätze auf, etwas zu tun –, ist es beim Reden über unser Handeln auch erforderlich, das *Denken* im Sinne sprachlichen Denkens als eines »inneren« Redens mit sich selbst zur Sprache zu bringen. Dazu dient der Terminus »Denken«, der so gebraucht wird, daß das sogenannte bildhafte Denken nicht darunterfällt. Das bildhafte Denken möge »Vorstellen« heißen – aber wir brauchen uns hier nicht darauf einzulassen, was das ist – ja, ob es so etwas überhaupt gibt.

Den Vorschlägen einer Beratung entsprechen im Denken *Wünsche,* eventuell *Begehrungen* (nämlich wenn sie durch Empfindungen entstehen – darauf komme ich noch zu sprechen). Das Beraten selbst, das hin und her redende Argumentieren, heißt, wenn es nur im Denken geschieht, *Überlegen.*

Das Resultat des Überlegens ist ein *Entschluß* – das entspricht dem Beschluß äußerer Beratungen.

Der Terminus »Wollen« werde dann gebraucht für denjenigen, der zu einem Entschluß gekommen ist. Man *will* z.B. einen Zweck verwirklichen oder eine Handlungsweise ausführen bzw. unterlassen.

Mit dieser Terminologie können wir den *Sinngehalt* einer Person N definieren als das System der abstrakten Sachverhalte, Normen und Gesetze, die durch Sätze dargestellt werden, die N zu einer bestimmten Zeit denkt. Um über den Sinngehalt von Personen zu sprechen, die nicht die eigene wissenschaftliche Sprache des Kulturwissenschaftlers sprechen, müssen die Sätze dieser Personen erst in die Wissenschaftssprache übersetzt werden. Deshalb muß diese Wissenschaftssprache – nach bestem Vermögen – transkulturell sein. Eine Person werde nun »sinnrational« genannt, wenn sie aufgrund ihres Sinngehaltes handelt. Per definitionem weiß man dann bei einer sinnrationalen Person, wie sie handeln wird, *wenn* man ihren Sinngehalt kennt. Die

Sinngehalte von Personen, deren Tun für uns relevant ist, herauszubekommen, das ist die Aufgabe der empirischen Sozialforschung.

Eine besondere Schwierigkeit dieser Forschung liegt darin, daß die Menschen häufig nicht sinnrational handeln – sie tun etwas anderes, als sie aufgrund ihres Sinngehaltes (soweit vorhanden) tun sollten.

Die Sinnrationalität ist nämlich mit den alten ethischen Tugenden des Mutes identisch. Dies sei die letzte These, die ich hier noch verteidigen möchte.

Aus der Biologie weiß man nicht nur, daß der Mensch ein Säugetier ist, sondern auch, daß er ein Lerntier ist. Wie Tiere sich an neue Situationen »anpassen«, indem sie neue *Verhaltensweisen* lernen, die ihre Überlebenschancen verbessern, so lernt auch der Mensch Verhaltensweisen. Er *reagiert* dann auf eine Situationsänderung mit dem erlernten Verhalten. Die Situationsänderung heißt dann ein *Reiz* (oder Stimulus).

Den Zusammenhang von Reiz S und Verhaltensreaktion R kann man auch so formulieren, daß das Lerntier eine *Disposition* lernt: es lernt sich nach der Norm S → !R zu verhalten. Diese Norm gehört nicht zum Sinngehalt des Lerntieres – falls es ein Mensch ist, kann sie aber dazugehören.

Wird die auf einen Reiz erlernte Reaktion nicht ausgeführt – etwa deshalb, weil sie mit Gewalt verhindert wird oder weil ein Mensch sie willentlich unterläßt –, dann ist es nützlich, trotzdem von einer erlernten *Disposition* zu reden. Denn aus ihr können wir ja schließen, welche Reaktion ausgeführt würde, wenn die Verhinderung wegfiele – wenn z. B. die Kette eines »gereizten« Hundes risse. Das Geschehniswort »reizen« mit einem Objekt, z. B. in Sätzen wie »Die Nadel reizt mich« (im Sinne von »tut mir weh«) oder »Das Bier reizt mich« (im Sinne von »tut mir wohl«), lernt man insbesondere für Situationen, in denen das äußere Verhalten, z. B. das Wegziehen der gestochenen Hand oder das Trinken, verhindert wird. Synonym mit »S reizt mich« sagen wir »Ich empfinde S«, als ob das ein Tun wäre. Weil wir als Lernkontrolle für diese Sätze die erlernte Disposition haben, lernen wir auch Sätze über Empfindungen anderer: »N empfindet S«.

Eine Differenzierung der Empfindungen gelingt dabei nur durch Angabe der Reize S und der Reaktionen R. Ein »Schmerz« ist z. B. stechend, beißend, brennend usw. oder aber z. B. zum Davonlaufen. Die Unterscheidung der Empfindungen nach Schmerz und Lust geschieht dabei exemplarisch an Fällen, in denen man ein Verhalten lernt, das den Reiz verändert (z. B. durch Wegziehen der Hand), und an Fällen, in denen man ein Verhalten lernt, das den Reiz erhält bzw. wiederherstellt.

Bei Tieren können wir in dieser Terminologie sagen, daß ihr Verhalten nach Schmerz und Lust bestimmt ist. Das Tun der Menschen ist nach Schmerz und Lust aber nur dann bestimmt, wenn es bloßes Verhalten ist. Das Handeln ist nach Schmerz und Lust nur indirekt bestimmt, wenn der Mensch gewisse Verhaltensweisen als seine Handlungsweisen will.

Wer seine eigenen Verhaltensnormen kennt (wenn sie ihm, wie man sagt, bewußt sind), wird sich – ohne weitere Überlegungen – wünschen, das Schmerzvermeidende und das Lustbringende zu tun. Ich möchte vorschlagen, dann von »Begehrungen« zu sprechen. Sinnrational kann man aber nur handeln, wenn man vor dem Tun die Überlegung einschaltet, ob das Begehren auch aufgrund des erworbenen Sinngehaltes (also insbesondere der Normen und Gesetze) den Entschluß bestimmen soll, d. h. ein Wollen werden soll.

Die Sinnrationalität erfordert also *Besonnenheit* vor dem Tun, damit man überlegt, ehe man handelt – und damit man nicht unmittelbar dem Begehren folgt, also bloß »emotional« reagiert. Nach dem Überdenken der Situationsänderung aufgrund des eigenen Sinngehaltes gilt es, das zu tun, was die Überlegung ergeben hat. Sinnrational ist nur, wer gemäß dem gebildeten Willen auch handelt, statt – durch »irrationale« Befürchtungen oder Hoffnungen – doch etwas anderes oder gar nichts zu tun. Die Sinnrationalität erfordert also *Tatkraft* nach dem Denken.

Besonnenheit und Tatkraft, temperantia und fortitudo,

σωφροσύνη und ἀνδρεία, das sind aber die beiden ethischen Kardinaltugenden – quod erat demonstrandum. Damit man *vernünftig* handelt, braucht man dann noch (die intellektuellen Tugenden der) Klugheit und Gerechtigkeit. Diese sollten die Wissenschaften lehren. Das ist insbesondere im Falle der Gerechtigkeit nach der Erfahrung der letzten 2400 Jahre schwierig, aber ein sogenanntes Begründungsproblem sollte uns nicht hindern, es zu tun.

Wissenschaftstheorie und Politikberatung

Die gegenwärtige Ohnmacht der pädagogischen Gewalt

Um das Problem »Wissenschaftstheorie und Politikberatung«, das ich Ihnen heute in seiner Komplexität und seinen leider nur langfristigen Lösungsmöglichkeiten darlegen möchte, in den Blick zu bekommen, schlage ich vor, von dem gegenwärtigen Verhältnis der Wissenschaft zur Politik auszugehen. Erst auf dem Wege, der uns von hier aus zu einer Kritik des gegenwärtigen Verhältnisses führen wird, wird sich ergeben, wodurch sich das engere Problem des Verhältnisses von Wissenschaftstheorie (statt von Wissenschaft) zur Politikberatung (statt zur Politik) rechtfertigt.

Das gegenwärtige Verhältnis von Wissenschaft und Politik läßt sich allerdings schon grob dadurch beschreiben, daß die Politiker (also die Regierung, das Parlament, die politischen Parteien) sich von Wissenschaftlern »beraten« lassen.

Aber was ist das für eine »Beratung«? Vor einiger Zeit konnte man z. B. in der Zeitung lesen, daß ein Minister, dem ein Professoren-Gutachten gegen einen Gesetzesentwurf entgegengehalten wurde, darauf antwortete, daß er Professoren für ein Gutachten – je nach Wunsch dafür oder dagegen – jederzeit haben könne.

In der gegenwärtigen Vielfalt der wissenschaftlichen Meinungen kann sich jeder Politiker die für ihn zweckmäßige Meinung jederzeit aussuchen. Auf diesen Tatbestand wurde hier einmal offen hingewiesen.

Daß die Wissenschaftler und die Politiker gegenwärtig so sind: daß nämlich die Politiker ihre Zwecke verfolgen und daß sie die wissenschaftlichen Meinungen nur als Mittel zu ihren Zwecken gebrauchen – das ist nun wahrhaftig nicht etwa notwendigerweise so, das ist vielmehr das unglückliche Resultat unserer Kulturgeschichte, insbesondere das Resultat der mißglückten Auseinandersetzung der Naturwissenschaften mit den christlichen

Traditionen in Ethik und Politik seit dem 18. Jahrhundert. Diese gegenwärtigen Verhältnisse sind nicht notwendig, sondern ein kontingentes Resultat unserer Geschichte.
Die Aussage, daß gewisse unserer Verhältnisse (hier das Verhältnis von Wissenschaft und Politik) nicht notwendigerweise so sind, wie sie gegenwärtig sind, sondern bloß kontingenterweise so sind – diese Aussage ist nur sinnvoll, wenn sie nicht für alle Verhältnisse gilt. Selbstverständlich sind alle unsere Verhältnisse, wenn wir uns auf Kulturverhältnisse beschränken, historisch geworden. Unter ihnen werden einige als »notwendig« ausgezeichnet, genauer: als notwendig anerkannt. Die nicht-notwendigen Verhältnisse nennt man per definitionem »kontingent«. Statt des Terminus »kontingent« wird in unserer Bildungssprache gern das Wort »zufällig« verwendet. Dieses Wort stellt aber Assoziationen zu Glücksspielen wie Würfeln und Roulette her, die hier nicht hingehören.
Es bleibt uns die Aufgabe zu definieren, welche Kulturverhältnisse als »notwendig« anerkannt werden sollen. Da wir es nur mit Kulturverhältnissen zu tun haben, kann »notwendig« *nicht* den Sinn von »naturgesetzlich notwendig« haben, d. h. *nicht* den Sinn von »aus den Naturgesetzen logisch folgend«. Für Kulturverhältnisse können wir den Terminus »notwendig« nur *analog* der Naturnotwendigkeit gebrauchen, indem wir ein Verhältnis »notwendig« nennen, wenn es aus den anerkannten Definitionen der Begriffe bzw. der Institutionen, in denen sich die Begriffe verwirklichen, logisch folgt. An die Stelle der von uns zu erkennenden Naturgesetze treten also von uns anzuerkennende Definitionen von Kulturbegriffen. Definiert man – frei nach Macchiavelli oder, wenn man will, frei nach Nietzsche – den Politiker durch den Willen zur Macht, d. h. zur Macht, seine eigenen Zwecke durchzusetzen, und definiert man Wissenschaft nur als systematisiertes technisches Wissen, das also nur die Frage nach den Mitteln, nicht die Frage nach den Zwecken beantworten kann – ja dann folgt daraus logisch, gilt also notwendigerweise, daß die Wissenschaft die Politik nur so beraten kann, wie sie sie gegenwärtig berät, nämlich bloß technisch.

Erinnern wir uns z. B. an die Diskussionen, die der Reform des Abtreibungsparagraphen vorangingen: da kamen viele Wissenschaftler zu Wort, vor allem natürlich Mediziner, Soziologen und Juristen. So konnte sich jeder Politiker über die voraussichtlichen gesundheitlichen, sozialen und rechtlichen Wirkungen der vorgeschlagenen Reformgesetze beraten lassen – aber die, wie man sagt, grundsätzliche Frage, ob Abtreibung wie Kindestötung oder wie eine gynäkologische Operation zu beurteilen sei, diese Frage wurde nicht wissenschaftlich diskutiert, sondern verblieb im Bereich vorwissenschaftlicher Weltanschauungskämpfe und bloßer Rhetorik.

War das nun notwendigerweise so – und wird es sich daher auch in Zukunft so abspielen – oder war es bloß kontingent – und ließe es sich daher in Zukunft vermeiden?

Die Antwort auf diese Frage hängt von der Anerkennung der Definitionen der Begriffe ab, die in der Frage vorkommen. Wer »Wissenschaft« so definiert, daß es daneben noch sogenannte Weltanschauungen gibt, die berechtigterweise die politische Willensbildung bestimmen, muß die Diskussionen, so wie wir sie kennen, für notwendig halten. Nur wer die gegenwärtig zugrunde liegenden Definitionen von Wissenschaft und Politik nicht anerkennt, wer – wie man etwas ungenauer gern sagt – unter Wissenschaft und Politik etwas anderes versteht, wer also bereit ist, andere Definitionen zu rechtfertigen, für den sind die Diskussionen, wie sie gegenwärtig ablaufen, bloß kontingent und daher sowohl änderungsfähig wie änderungsbedürftig.

Doch ich greife damit vor – zunächst sind wir ja dabei, das gegenwärtige Verständnis von Wissenschaft und Politik zu formulieren. Seit den politischen Revolutionen, die durch die Aufklärung, also den Sieg der Naturwissenschaften im 17. und 18. Jahrhundert, bewirkt wurden, ist unser politisches System durch Demokratie und Gewaltenteilung bestimmt. Demokratie heißt allgemeines und gleiches Wahlrecht für die gesetzgebende Gewalt, das Parlament – und Gewaltenteilung heißt vor allem, daß die richterliche Gewalt, also die Rechtsprechung, unabhängig von der gesetzgebenden Gewalt ist. Deshalb heißen unsere Demokratien rechtsstaatlich. Nach den klassischen Formulierungen bei Montesquieu zählt man zumeist die ausführende Gewalt, die Regierung, als dritte Gewalt auf – aber in der Gegenwart werden faktisch die Gesetze gemeinsam von Regierung und Parlament gemacht, und die Verwaltung als ausführende Gewalt ist von der Regierung abhängig.

Dafür hat sich faktisch als heute unabhängige Gewalt innerhalb der Exekutive die pädagogische Gewalt der wissenschaftlichen Hochschulen herausgebildet, deren »Freiheit« in Forschung und Lehre durch die Verfassung garantiert ist.

Über den Institutionen der Wissenschaft haben wir also die politischen Institutionen von Parlament und Regierung und die Institutionen der Rechtsprechung. Zum Begriff unserer politischen Institutionen von Parlament und Regierung gehört ferner, daß sie von den politischen Parteien getragen sind. Faktisch haben wir das Mehrparteiensystem schon seit Beginn der Demokratien: schon im Nationalkonvent der Französischen Revolution saßen die Konservativen rechts, die Progressiven links. Mit einem modernen Schlagwort nennt man unsere Demokratien daher »pluralistisch«.

Auch hier sei vorgreifend die Frage aufgeworfen, ob rechtsstaatliche Demokratien notwendigerweise pluralistisch sind – oder ob es sich hier nur um eine aus der Kulturgeschichte, speziell der Wissenschaftsgeschichte des 18. bis 20. Jahrhunderts verstehbare Kontingenz handelt. Definiert man Parteien durch die Interessen bestimmter Gruppen, z.B. Arbeiterpartei, Unternehmerpartei – es gab auch einmal eine Mittelstandspartei –, dann ließen sich die Parteien besser durch die Verbände, also die Gewerkschaften, die Organisationen der Industrie usw., ersetzen. Parteien sind bei uns aber durch »Programme« definiert, die politische »Grundwerte«, wie man sagt, formulieren.

Da diese Programme beanspruchen, nicht nur Gruppeninteressen zu dienen, sondern dem Gesamtinteresse, dem Gemeinwohl – Freiheit und Gerechtigkeit für alle, so lautet die rhetorische Formel –, warum gibt es dann notwendigerweise mehrere, einander widersprechende Programme?

Ohne diese Frage jetzt zu beantworten, sei festgehalten, daß wir gegenwärtig als Ausgangssituation für unser Problem das Faktum der rechtsstaatlichen, pluralistischen Demokratie haben. Die Politiker, die diese Demokratie in Parlament und Regierung tragen, können gar nicht anders, als die Wissenschaften als ein Instrument zu verstehen, auf deren technischen Rat sie nur bei der Durchsetzung ihrer politischen Zwecke, der sogenannten Zielvorstellungen, angewiesen sind. Dazu gehört selbstverständlich auch die technische Frage, ob gewisse Zwecke überhaupt – unter den gegebenen Bedingungen – erreichbar sind. Was machbar ist und was nicht machbar ist, darüber berät die Wissenschaft. Was aber »wünschenswert« ist – leider ist dieser kindliche Ausdruck üblich –, darüber entscheidet der politische Wille allein.

So sieht das gegenwärtige Verhältnis von Wissenschaft und Politik aus – in einer groben Skizze, die für das Folgende aber als Basis, wie ich hoffe, ausreicht.

Betrachten wir die Wissenschaften allein, wie sie – unabhängig von ihrem Verhältnis zur Politik – sich gegenwärtig selbst verstehen, so erhalten wir allerdings ein anderes Bild. Wir brauchen uns nur zu verdeutlichen, wie sich die Vielzahl der Fachwissenschaften unserer gegenwärtigen Hochschulen gliedert. Jeder Blick in ein Vorlesungsverzeichnis läßt noch die mittelalterliche Gliederung erkennen: die Liste der Fakultäten (jetzt Fachbereiche genannt) wird angeführt von den drei »oberen« Fakultäten: Theologie, Jurisprudenz und Medizin. Es folgt dann die »untere« Fakultät, die frühere Artistenfakultät, die sich allerdings auf mehrere Weisen aufgespaltet hat, z.B. in philologisch-historische Fachbereiche und in mathematisch-naturwissenschaftliche Fachbereiche.

An diese klassischen Fakultäten schließen sich Fachbereiche an, die zumeist erst seit unserem Jahrhundert an den Universitäten zu finden sind: die Wirtschafts- und Sozialwissenschaften, die Ingenieurwissenschaften und zuletzt die Erziehungswissenschaften.

Das Prinzip der Einteilung in »obere« und »untere« Wissen-

schaften ist leicht zu erkennen: Juristen und Mediziner sind *Praktiker,* sie greifen in das Leben handelnd ein – die Nachfolger der früheren Artisten sind dagegen nur *Theoretiker,* sie beantworten nur Fragen unabhängig von der Person des Fragenden, sie bewahren, erweitern, verbessern das Wissen, das die Praktiker als Grundlage ihrer Entscheidungen brauchen.
Von den nicht-klassischen Fächern gehören die Wirtschaftswissenschaften und die Ingenieurwissenschaften ebenfalls zu den »oberen«, den praktischen Fächern. Es gibt sie dort aber erst, seitdem der Kaufmann bzw. der Ingenieur ebenfalls als Grundlage ihrer Entscheidungen theoretisches Wissen brauchen: die Sozialwissenschaften bzw. die Naturwissenschaften.
Nur die Erziehungswissenschaften entziehen sich dieser Einteilung, denn sie bilden Praktiker aus, Lehrer – deren Praxis ist aber, die theoretischen Fächer zu lehren.
Das gegenwärtige Selbstverständnis der Wissenschaften wird allerdings mehr als von dieser Unterscheidung in praktische und dazugehörige theoretische Grundlagenfächer dadurch geprägt, daß die theoretischen Fächer sich in mathematisch-naturwissenschaftliche einerseits und in historisch-kulturwissenschaftliche andererseits gespalten haben.
Es wird nämlich dieser Unterschied in den theoretischen Fächern als fundamental angesehen – und die praktischen Wissenschaften erscheinen nur als *Anwendung* der Theorien: Medizin und Technik sind Anwendungsgebiete der Naturwissenschaften, Recht und Wirtschaft Anwendungsgebiete der Kulturwissenschaften.
Die Theorien verstehen sich nicht mehr als Grundlagen der Praxis, sondern als Selbstzweck. Die Autonomie des Theoretischen gegenüber der Praxis wird gegenwärtig so weit getrieben, daß man den Wissenschaftler mit dem Künstler gleichstellt. So wie die Musik keiner anderen Rechtfertigung bedarf als des Vergnügens, das sie den Musikalischen bereitet, so bedürfen die Theorien keiner anderen Rechtfertigung als des Vergnügens, das sie den theoretisch Interessierten, den Intellektuellen, bereiten. Aus dieser ästhetischen Selbstgenügsamkeit der Theore-

tiker wird verständlich, daß es in den theoretischen Wissenschaften viel mehr als in den praktischen Wissenschaften »Moden« gibt. Im Verlauf der Wissenschaftsgeschichte wechseln die Moden, immer neue Theorien treten als Vorbild auf, als Paradigma, wie man neuerdings sagt. Die große Mode seit dem 18. Jahrhundert sind bis in unsere Zeit – und seit dem logischen Positivismus wieder besonders deutlich – die Naturwissenschaften.

Die Newtonsche Mechanik, durch die Elektrodynamik modernisiert zu einer Newton-Einsteinschen Mechanik, ist immer noch unbestritten das Paradigma für Theorien schlechthin. Die euklidische Geometrie, die jeder aus der Schule kennt, ist dagegen seit dem vorigen Jahrhundert entthront.

Nicht mehr more geometrico, sondern more mechanico versucht man überall vorzugehen: so wie Newton die Stellung der Planeten vorausberechnete, indem er auf eine Anfangsstellung nur die mechanischen Gesetze anwendete, so soll jetzt jede Wissenschaft spätere Situationen mit Hilfe von Gesetzen aus früheren Situationen voraussagen bzw. erklären können. Alle Realwissenschaften sollten nomologische Wissenschaften, Gesetzeswissenschaften sein – so lautet die immer noch vorherrschende Maxime, die auf Comte zurückgeht.

Durch den Terminus »Realwissenschaften« sind von dieser Maxime nur die »Idealwissenschaften« Logik und Mathematik ausgeschlossen.

Die Chemie wurde seit der Quantenmechanik ein Teil der Physik – und damit nomologisch. Zur Zeit ist die Molekularbiologie intensiv dabei, die gesamte Biologie ebenfalls einzuordnen – und auch die empirischen Sozialwissenschaftler sind weitgehend der Faszination des nomologischen Paradigmas erlegen.

Für das nomologische Wissenschaftsverständnis gehört aber die Politologie, die Wissenschaft von der Politik, zu den unterentwickelten Fächern. Die moderne Wissenschaft tritt daher gar nicht mit dem Anspruch auf, den Politikern eine theoretische Grundlage für ihre Praxis liefern zu können.

Diese gegenseitige Fremdheit von Wissenschaft und Politik wird

gegenwärtig augenscheinlich für »notwendig« gehalten – sie folgt ja auch aus dem vorhin beschriebenen Verständnis von Wissenschaft und Politik, also aus den meist stillschweigend zugrunde gelegten Definitionen dieser Begriffe.
Politische Entscheidungen werden aber darüber gefällt, was gerechter oder ungerechter sei. Solange die Wissenschaft sich hierüber des Urteils enthält – vielleicht enthalten muß –, folgt man der Mehrheit. Das ist die Notlösung, die sich als einzige seit dem 18. Jahrhundert angeboten hat, nachdem die Religion ihre Glaubwürdigkeit in ethisch-politischen Fragen aufgrund der naturwissenschaftlichen Kritik an dem tradierten Weltbild verloren hatte.
Hier ist ein Vakuum entstanden, weil die empirischen Sozialwissenschaften ebensowenig wie die Naturwissenschaften für ethisch-politische Probleme zuständig sind. Der nomologische Wissenschaftsbegriff schließt dieses Problem aus allen Wissenschaften aus: alle Wissenschaften sollen sich der Werturteile enthalten.
Für den einzelnen bedeutet dies, daß er von den Wissenschaften keinen Rat für die Führung seines Lebens erwarten kann – die religiöse »Seelsorge«, die dem Menschen eine Richtung im Leben weisen konnte, ist durch nichts ersetzt worden. Die modernen Wissenschaften können sie nicht ersetzen. Die Geborgenheit des Glaubens ist verlorengegangen – sie ist aber durch die antike Ruhe der Vernunft nicht wieder ersetzt worden. Diese Ungeborgenheit des einzelnen gilt auch für den gegenwärtigen Politiker – er folgt, wie man dann verschleiernd sagt, allein der Stimme seines Gewissens. Oder es gelingt ihm – auch die Kirchen existieren ja noch trotz der Aufklärung –, die wissenschaftliche Kritik an der Glaubwürdigkeit des Glaubens zu verdrängen. Dies wird durch die Beschränkung der Wissenschaft auf wertfreie Aussagen auch geradezu herausgefordert: ohne Entscheidungen über Zwecke und Ziele, also ohne »Werturteile«, kann man nicht leben – und erst recht keine Politik betreiben.
Aber wir dürfen uns nun *weder* mit der bisherigen Skizze unserer Situation, in der wir uns mit Wissenschaft und Politik befin-

den, zufriedengeben *noch* vorschnell den bisher nur halben Erfolg der wissenschaftlichen Aufklärung mit einer Rückkehr zu traditionellen »Wertvorstellungen« beantworten. Vielmehr sollten wir versuchen, den kritischen Weg der Vernunft, also der Wissenschaften, über die gegenwärtige Selbstbeschränkung auf technische Vernunft weiterzugehen. Dieser Versuch ist zwar nicht neu – er wurde zuerst von Kant gemacht, und Marx hat ihn auf seine Weise wiederholt. Falsche Propheten wie Nietzsche und dann Heidegger haben uns allerdings verkündet, dieser Versuch sei vergeblich, der kritische Weg der Vernunft sei nicht mehr offen.

Der dogmatische Marxismus unserer Tage scheint dies zu bestätigen. Aber das bisherige Scheitern der Versuche, ethisch-politische Vernunft und Wissenschaft ebenso zu verwirklichen, wie die Naturwissenschaften technische Vernunft (in Theorie und Praxis) verwirklicht haben, ist kein zureichender Grund, dieses Scheitern für notwendig zu halten.

Es bleibt uns nichts anderes übrig, als selber zu versuchen, wenigstens einige kritische Schritte in dieser Richtung zu tun. An dieser Stelle ist, so hoffe ich, einsichtig, daß die ersten Schritte eine Kritik des gegenwärtigen Wissenschaftsverständnisses als Aufgabe haben müssen. Wir wollen zwar die Möglichkeiten ethisch-politischer Wissenschaft neu untersuchen, aber dazu muß erst durch eine Kritik der technischen Wissenschaften »Platz geschaffen« werden. Es mag vielleicht auf den ersten Blick umwegig, ja abwegig erscheinen, hier einen Exkurs zur Grundlagenkritik von Mathematik und Mechanik einzuschieben – ohne ein Stück Wissenschaftstheorie können wir uns aber aus der Situation, in die uns die bisher mißglückte Aufklärung geführt hat, nicht befreien.

Ich übergehe hier eine Begründung der Logik. Für die Mathematik im engeren Sinne von Arithmetik und Analysis (mit den zugehörigen axiomatischen Theorien) besteht zwar Einigkeit darüber, daß die Grundzahlen 1, 1 + 1 usw. von uns konstruiert werden, um endliche Mengen zählen zu können, aber höhere Zahlarten, wie die unendlichen Dezimalbrüche, erfordern zu ihrer Definition unendliche Mengen – und für den Begriff der unendlichen Menge konkurriert eine konstruktive Definition mit der axiomatischen Methode, die statt einer Definition nur gewisse Sätze als Axiome postuliert. Schon hier ist eine grundsätzliche Klärung der Maxime »Axiome statt Konstruktion« erforderlich.

Die Rechtfertigung von Axiomensystemen ist unproblematisch, wenn man Modelle für sie hat – also Objekte, die die Axiome des Systems erfüllen. Für unendliche Mengen sind aber Axiomensysteme ohne Modelle in Gebrauch. Die konstruktiv definierbaren Mengen erfüllen diese Axiomensysteme nur partiell. Trotzdem sind alle für die außermathematischen Anwendungen wichtigen Theorien rekonstruierbar – aber die Mathematiker kultivieren gegenwärtig international gerade die nicht-konstruktiven Theorieteile unabhängig von ihrer Anwendbarkeit.

Diese gegenwärtige Unbedenklichkeit, Axiome ohne Modelle zu benutzen, geht nicht auf Arithmetik und Analysis oder auf die Schwierigkeiten des Mengenbegriffs zurück, sondern auf das Begründungsproblem der Geometrie.

Wir verlassen damit die Mathematik im engeren Sinne. Nach der traditionellen Arbeitsteilung zwischen Mathematikern und Physikern gehören nämlich Geometrie, Kinematik und Wahrscheinlichkeitstheorie auch noch zur Mathematik: zur Mathematik im weiteren Sinne, weil es jetzt nicht mehr um Zahlen allein geht, sondern um Raum, Bewegung und Zufall.

Diese drei Disziplinen heißen mit Recht »Idealwissenschaften«. Ich beschränke mich hier auf die Geometrie. Sie ist die älteste Idealwissenschaft – und das Problem der Begründung ihrer Axiome hat für das Wissenschaftsverständnis von Euklid bis Einstein immer eine entscheidende Rolle gespielt.

Bis ins 19. Jahrhundert herrschte die Auffassung, daß die Euklidischen Axiome selbstverständlich ein Modell besäßen: die Punkte, Linien und Flächen unserer räumlichen »Anschauung«. Analog wird auch heute noch in der Mengenlehre mit der Fiktion einer »Mengenanschauung« argumentiert, obwohl man damit ersichtlich das Begründungsproblem in die Psychologie verschiebt. Es müßte ja nachweisbar sein, daß alle – normalsinnigen – Menschen dieselben »Anschauungen« haben. Da es aber darum geht, Sätze – nämlich die Axiome – zu begründen, ist der Rekurs auf Anschauungen zirkelhaft. Schon um einen einfachen Satz wie »Dies ist rot« zu begründen, ist es sinnlos zu behaupten, daß jeder normalsinnige Mensch die Anschauung habe, *daß* dies rot sei – diese Anschauung hat nämlich jeder Normalsinnige nur dann, *wenn* dies rot ist. Die Existenz von Anschauungen ist nur durch die Wahrheit von Sätzen zu begründen, nicht umgekehrt.

Im Falle der Geometrie sind die Axiome logisch komplexe Sätze. Euklid benutzte als Grundbegriffe Ebenen, Geraden und Punkte. Durch zwei Punkte auf einer Geraden ist eine Strecke bestimmt. Als Grundbeziehung zwischen Strecken benutzte Euklid die Kongruenz, die Längengleichheit. Das hat den folgenden Effekt: Die Kongruenzaxiome für Strecken in einer Ebene gelten z. B. auch für die Stücke von Großkreisen auf der Kugelfläche. Auch diese sind frei beweglich auf der Kugelfläche – und haben daher auch eine Länge.

Um die Ebene unter den Kugelflächen (und auch unter den »hyperbolischen« Flächen konstanter Krümmung) auszuzeichnen, war für Euklid ein Zusatzaxiom erforderlich: das berühmte Parallelenaxiom. Seit der Klärung dieser Zusammenhänge hat sich insbesondere nach Riemann (1854) die Meinung durchgesetzt, daß über die Gültigkeit des Parallelenaxioms, also über die Krümmung des Raumes, durch physikalische Messungen zu entscheiden sei. In der Relativitätstheorie wurde dieses Riemannsche Programm angeblich durchgeführt.

Von dieser Tradition, die mit dem Euklidischen Kongruenzbegriff beginnt, können wir uns dadurch befreien, daß wir nach der vorwissenschaftlichen Herstellung geometrischer *Formen* fragen. Wie stellen wir – *ohne* theoretische Geometrie – Ebenen, rechte Winkel, Quadrate usw. her? Diese Frage wurde zuerst von Mach (1905) und von Dingler (1911) gestellt. Eine Antwort läßt sich jetzt so skizzieren: Wir gehen von der vorwissenschaftlichen Erfahrung aus, daß gewisse Materialien unter normalen Bedingungen sich so bearbeiten lassen, daß die Oberfläche eine reproduzierbare Gestalt hat. Stellt man etwa von einem Eisenstück einen Abdruck her, so erhält man durch einen Abdruck des Abdrucks eine Kopie des Originals. Nur wenn jede Kopie, jedenfalls technisch hinreichend gut, anschließend anstelle des Originals genommen werden kann, ist das Material als »formbares« Material brauchbar. Diese protogeometrischen Begriffe führen dann dadurch zu einer Geometrie, daß sich mit ihnen gewisse Gestalten »idealiter«, d. h. eindeutig durch eine Definition, bestimmen lassen.

Ist ein Abdruck einer Oberfläche schon eine Kopie, dann nennen wir die Oberfläche »eben«. Weil die Ebenheit nicht durch Exempla, sondern allein durch eine Definition bestimmt ist – sola definitione –, deshalb sind die Ebenen »ideale« Gestalten. Jede Realisierung ist unvollkommen. Die Idee, d. h. die Definition, gibt aber das Verfahren an, wie die Realisierungen zu vervollkommnen sind. Nennen wir die idealen Gestalten kurz »Formen«, dann hat die Geometrie als Theorie allein die Aufgabe, die Formen zu untersuchen. Die Größe der Gestalten gehört *nicht* zu ihrer Form. Neben der Grundform der Ebene läßt sich als weitere Grundform der rechte Winkel definieren. Durch die Größenunabhängigkeit der Formen wird das Euklidische Parallelenaxiom beweisbar.

Schon diese Skizze der Geometrie, deren Gegenstände nur die konstruierbaren Formen der Körper, nicht deren reale Gestalten und Größen sind, zeigt, daß die modernen, sogenannten nicht-euklidischen Geometrien sich nur der Tradition verdanken, die mit Euklid die Kongruenz von Strecken als Grundbegriff wählte. In einer formentheoretischen Geometrie, die in ihrem Satzbestand zwar mit der euklidischen Geometrie übereinstimmt, aber ihre Grundbegriffe aus einer protogeometrischen Technik formbarer Materialien gewinnt, in dieser Geometrie tritt das Problem eines Pluralismus von »Geometrien« gar nicht auf. Die Physik braucht daher auch nicht für eine Entscheidung zwischen euklidisch und nicht-euklidisch bemüht zu werden. Es kann z. B. die allgemeine Relativitätstheorie so interpretiert werden, daß es sich nicht um eine neue Geometrie, sondern um eine neue Gravitationstheorie handelt. Die spezielle Relativitätstheorie wurde von Einstein als eine neue Kinematik vorgetragen – sie läßt sich aber auch als eine neue Mechanik interpretieren.

Es ist bis heute nicht berücksichtigt worden, daß die Gültigkeit der euklidischen Geometrie – und dasselbe gilt für die galileische Kinematik – weder von einer bloßen Anschauung von Raum bzw. Bewegung abhängt noch von physikalischen Messungen. Die Geometrie als eine Theorie räumlicher Formen – und entsprechend die Kinematik als eine Theorie von Bewegungsformen (die also auch sola definitione eindeutig bestimmt sind) – gründet sich vielmehr auf eine vorwissenschaftliche Praxis der Formung von Körpern und ihrer Bewegungen. Diese Formentheorien gestatten es, den Längen- und Dauerbegriff zu definieren. Sie sind daher eine Vorbedingung aller reproduzierbaren Messungen von Raum und Zeit.

Erst mit der Mechanik beginnt die Physik, die Physik der Messungen, mit der Aufgabe, Meßergebnisse vorauszusagen bzw. post factum zu »erklären«. Hier bildet nach wie vor das Newtonsche Programm, jetzt in der revidierten Einsteinschen Fassung, das Paradigma: die Voraussagen werden aufgrund von hypothetischen Kraftgesetzen berechnet. Alle Formulierungen der wissenschaftlichen Methode, wie sie von Popper stammen, treffen auf diesen Fall der hypothetischen Kraftgesetze zu. Hier können alternative Systeme von Hypothesen auftreten, keines kann verifiziert werden – und nur bei einem festgehaltenen Basissystem kann eine Zusatzhypothese eventuell experimentell falsifiziert werden.

Die Sätze der Geometrie und Kinematik sind aber keine Hypothesen. Sie gründen sich – nach wie vor – auf die unveränderte Praxis der Formung von Körpern und ihrer Bewegungen, die aller Meßtechnik vorausgeht.

Die neuzeitliche Naturwissenschaft zeigt sich auf diese Weise am Paradigma der Mechanik in einem neuen Licht, das für unseren Wissenschaftsbegriff von entscheidender Bedeutung ist. Sie erweist sich als eine Veranstaltung unserer technischen Kultur: sie gründet sich auf eine vorwissenschaftlich gelungene Praxis, deren Zweck die Beherrschung der Bewegung von Körpern ist. Zur Unterstützung dieser Praxis werden zunächst Geometrie und Kinematik als Theorien gewisser Formen der Körper und ihrer Bewegungen aufgestellt. Dadurch werden Messungen reproduzierbar, und damit wird die hypothetische Aufstellung von Kraftgesetzen sinnvoll, die wir bei Bewährung »Naturgesetze« nennen. Ohne das Fundament unserer Technik, speziell unserer Meßtechniken, von »Naturgesetzen« zu sprechen, ist sinnlos.

Die entscheidende Bedeutung dieses Exkurses für unseren Wissenschaftsbegriff, wie wir ihn insbesondere für eine politische Wissenschaft benötigen, liegt darin, daß wir jetzt sagen können, daß die Naturwissenschaften im Gesamtzusammenhang unserer Kultur *sekundär* sind. Sie setzen ja eine gelungene technische Praxis voraus. Und das heißt doch, sie setzen voraus, daß wir Menschen uns zunächst über die Erreichung gewisser Zwecke, denen die Technik dient, verständigt haben müssen.

Jede Theorie ist nur sinnvoll aufgrund einer Praxis: das ist der Primat der Praxis. Darüber hinaus gilt aber, daß jede technische Praxis nur sinnvoll ist aufgrund vorhergegangener Verständigung über Zwecke. Jede technische Praxis setzt voraus, daß gewisse Formen der gemeinsamen Willensbildung, des gemeinsamen Handelns schon vorhanden sind. Jede technische Praxis setzt zumindest frühe Formen einer politischen Praxis voraus. Neben dem Primat der Praxis vor der Theorie gilt also zusätzlich der Primat der Politik vor der Technik. Wissenschaftstheoretisch ausgedrückt, ist das der Primat der Kulturwissenschaften vor den Naturwissenschaften. Aus der Geschichte wissen wir allerdings, daß faktisch die frühen Formen der gemeinsamen Willensbildung sich nicht auf vernünftig-nachvollziehbare Autorität gründen, sondern entweder auf die bloße Gewalt von Kriegern oder auf die unvernünftige Autorität von Priestern, d.h. Magiern oder Mythologen.

An dieser Stelle unserer Überlegungen zur Begründung der

Kulturwissenschaften besteht eine doppelte Gefahr, vom kritischen Wege abzuweichen: schon der nächste Schritt kann entweder zum Dogmatismus oder zum Skeptizismus führen. Wird das Faktum anerkannt, daß das Denken der Menschen von der Frühzeit bis in die Gegenwart zum Mythos neigt, daß sogar die moderne Wissenschaft faktisch noch weitgehend von der Neigung zu Weltbildern bestimmt ist, so liegt es nahe, damit auch eine Notwendigkeit des Denkens in Weltbildern anzuerkennen. Dies führt zur Anerkennung eines Pluralismus von Dogmengebäuden, von Ideologien – und damit für die Kulturwissenschaft zumindest zu dem Metadogma, daß dogmatisches Denken unvermeidlich sei.

Auf der anderen Seite besteht die Gefahr des Skeptizismus: man verzichtet wiederum auf die Unterscheidung vernünftiger Autorität von unvernünftiger – verzichtet diesmal aber ganz auf die Anerkennung solcher Kulturleistungen, versucht vielmehr die Fakten der Kultur nach dem nomologischen Muster der Naturwissenschaften durch psychologische und soziologische »Gesetze« zu erklären. Das ist Skeptizismus, weil der Forscher der – nomologisch orientierten – empirischen Psychologie und Soziologie sich selbst nur als Beobachter, nicht als Teilnehmer der Kultur engagiert. Da sich uns der nomologische Wissenschaftsbegriff aber nur als ein sekundärer Begriff ergeben hat, der unter dem Primat der Politik (im weitesten Sinne als der Institution gemeinsamer Willensbildung) steht, bleibt ein kritischer Weg für die Kulturwissenschaften noch offen, der weder dogmatisch der bloß faktischen Kulturgeschichte folgt noch die kritische Teilnahme an der Kultur von vornherein skeptisch als »unwissenschaftlich« verdächtigt.

Man wird bemerkt haben, daß bei dem Übergang von der Analyse der Naturwissenschaften zur Begründung des Primats der Kulturwissenschaften einige neue Termini von mir gebraucht sind, die in den Naturwissenschaften nicht auftreten, nämlich Denken, Wollen und Vernunft. Nur mit den durch solche Wörter dargestellten Begriffen können wir den Menschen als Kulturträger, man sagt auch als »Person«, von den Tieren als Gegenständen der Natur unterscheiden.

Für das moderne, an den Naturwissenschaften geschulte Denken besteht aber hier die Schwierigkeit, daß wir um die naturgeschichtliche Abstammung des Menschen aus dem Tierreich wissen – und das verleitet immer wieder dazu, uns selbst auch als bloße Naturgegenstände zu betrachten. Auch hier müssen wir daher festhalten, daß die moderne Biologie mit ihrer Abstammungslehre ein Teil der Naturwissenschaft ist. Auch dieser Teil ist – wie die Physik – im Gesamtzusammenhang unserer Kultur sekundär. Die Biologie als Wissenschaft von der lebendigen Natur setzt eine Praxis des Umgangs mit Pflanzen und Tieren voraus, wie wir sie z. B. in der Landwirtschaft haben. Zu landwirtschaftlichen, aber auch zu pharmazeutisch-medizinischen Zwecken hat sich eine systematische Beobachtung alles Lebendigen entwickelt. Diese hat schließlich im vorigen Jahrhundert zu der Erkenntnis des genealogischen Zusammenhangs aller Lebewesen – von den Einzellern bis zum Menschen – geführt. Wir können daher heute ein »Lebewesen« dadurch definieren, daß es mit uns über gemeinsame Vorfahren verwandt ist. Alle Lebewesen bilden dann per definitionem eine einzige Familie, die Lebensfamilie. Die Mitglieder dieser Familie sind – wie jeder weiß – verschieden begabt. Die Tiere, zumindest von den Würmern an aufwärts, unterscheiden sich von den Pflanzen durch ihr Lernvermögen nach Lust- und Schmerzempfindungen. Und die Menschen unterscheiden sich von den übrigen Tieren durch die Gabe der Rede. Die Grenzen sind fließend, wie der erfolgreiche Unterricht von Schimpansen in gewissen Zeichensprachen bewiesen hat, aber ob ich mich mit einem Tier über gemeinsame Zwecke verständigen kann oder ob ich damit rechnen muß, daß ein Tier nur nach Lust und Schmerz reagiert, genau das macht den Unterschied zwischen der kulturwissenschaftlichen und der naturwissenschaftlichen Einstellung aus.

Der behavioristische Fehlschluß besteht darin, aus der Abstammung des Menschen von bloßen Lerntieren zu »schließen«, daß auch das Reden der Menschen bloß erlerntes Verhalten, »verbal behavior« sei. Die biologische Abstammung über Millionen von Generationen läßt aber neue Arten entstehen – das ist ein schlichtes Faktum der Lebensgeschichte. Tatsache ist, daß Spuren von Zellen nur bis zu etwa drei Milliarden Jahren zurück nachweisbar sind. Mehr weiß man nicht. Der Rest ist ein moderner Mythos: »Im Anfang war der Wasserstoff.«

Ehe irgendwelche naturwissenschaftlichen Fragestellungen sinnvoll sind, haben wir als Ausgangspunkt aller Wissenschaft das Problem, uns untereinander über Zwecke zu verständigen: das Problem der Kommunikation, wie es modern heißt. Um es ein letztes Mal zu sagen: Es geht nicht um das Problem, wie »Kommunikation«, also unser Miteinanderreden, zu »erklären« sei – wir sind ja vielmehr schon miteinander Redende. Es geht aber darum, zu begreifen, was wir da tun, wenn wir miteinander reden. Es geht darum, daß uns das Miteinanderreden *besser* gelingen soll als bisher – es geht um ein normatives Problem.

Für unser Reden benutzen wir die sogenannten natürlichen Sprachen. Diese Sprachen werden mit Recht als wichtigste Traditionsgüter sorgsam gehütet. Trotzdem sind sie reformbedürftig – wir reden ja immer wieder aneinander vorbei. Aber in traditionelle Ordnungen kann man nicht radikal eingreifen – das Leben muß ja weitergehen, man kann deshalb nicht experimentierend von Null neu anfangen. Das ist uns selbstverständlich z. B. für die Rechtsordnung, für die Wirtschaftsordnung – es gilt auch für die Sprachordnung. Aber die Sprache ist ein Sonderfall. Hier ist ein radikaler Neubeginn für eine Sprache möglich, weil wir in mehreren Sprachen reden können. Das ist der einzigartige Vorzug von Wissenschaft: an wissenschaftlichen Institutionen kann eine wissenschaftliche Sprache »ab ovo« konstruiert und eingeübt werden, während gleichzeitig die Wissenschaftler und alle anderen im Leben bis auf weiteres die natürliche Sprache beibehalten. Ersichtlich bringt dieses Programm einer Wissenschaftssprache die Gefahr mit sich, bloß esoterisch zu bleiben – aber das bedeutet nur eine zusätzliche Aufgabe der Vermittlung.

Für die Kulturwissenschaften ist es absurd, sich damit abzufinden, daß Verständigung nur dann möglich sein soll, nachdem man sich – willkürlich – auf eine der natürlichen Sprachen geeinigt hat. Genau das wird aber gegenwärtig praktiziert. Schon die bisher gebrauchten Grundbegriffe: Denken, Wollen, Handeln – und die Grundunterscheidung in vernünftig bzw. unvernünftig –, müssen für eine zukünftige Kulturwissenschaft unabhängig von nationalen sprachlichen Eigenarten kritisch rekonstruiert werden. Wir müssen einen vernünftigen Gebrauch von Wörtern, mit denen diese Begriffe dargestellt werden sollen, begründen – genauer, es ist eine Verwendungsweise gewisser Wörter zu begründen, und diese Wörter stellen dann die rekonstruierten Begriffe dar.

Vernünftiges Denken, Wollen und Handeln ist abhängig von vernünftigem Reden. Andererseits ist unser Reden nur dann vernünftig, wenn es zu vernünftigem Handeln führt. Hier liegt nur scheinbar ein Zirkel vor: das vernünftige Handeln und Reden ist gemeinsam zu rekonstruieren. Das Wort »vernünftig« ist dabei überflüssig. Es geht darum, in Lebenssituationen gewisse Handlungen – mit Hilfe von Wörtern für die Situationen und für das Handeln – so vorzuschlagen, daß die Vorschläge schrittweise geprüft und angenommen oder verworfen werden können.

Dadurch erreicht man günstigenfalls faktischen Konsens. Es läßt sich aber das Prinzip angeben, nach dem die »kritische Prüfung« der Rekonstruktionsschritte zu erfolgen hat: alle Vorschläge sind »ohne Ansehen der Person« zu prüfen. Die subjektiven Interessen sind bei der Prüfung – nach bestem Können – auszuschließen. Dieses negative Prinzip der Kritik, daß die Subjektivität »überwunden«, transzendiert werden soll, dieses Prinzip der »Transsubjektivität« ist das einzige, das ich für die Unterscheidung von »vernünftig« und »unvernünftig« zugrunde lege.

Wer dieses Prinzip nicht anerkennt, wird auf der Anerkennung von Vorschlägen bestehen, für die er bloß seine Subjektivität – weil es *sein* Vorschlag ist – als Grund angeben kann. Faktisch hat dies leider oft Erfolg – aber die Transsubjektivität bleibt trotzdem das Prinzip, das einzige Kriterium aller Vernunft, aller Wissenschaft.

Die kritische Rekonstruktion von Wissenschaftssprachen ist zunächst einmal, ehe man zu fachspezifischen Problemen kommt, das Problem der Logik, der rationalen Syntax. Hier sind elementare Imperative einzuführen, mit denen wir Handlungen vorschlagen, und elementare Indikative zur Darstellung der Situation, in der wir uns befinden. Diese ersten Wörter und Sätze sind aus dem Lebenszusammenhang heraus vorzuschlagen und anzuerkennen: sie sind dann »empraktisch« begründet. Dann lassen sich Zweckimperative formulieren, in denen zu Situationsänderungen aufgefordert wird – und erst danach beginnt das Argumentieren für oder gegen solche Imperative, die sich auf einen konkreten Fall beziehen, indem man bedingte generelle Sätze aufstellt, die besagen, daß immer dann, wenn eine gewisse Situation vorliegt, das Eintreten einer anderen Situation zu erwarten ist bzw. zu bewerkstelligen ist.

Aus dem bisherigen Lebenszusammenhang heraus werden solche generellen Sätze formuliert, die der Ausgangspunkt der Bildung unseres technischen bzw. politischen Wissens sind. In beiden Fällen kann man von »Wissen« sprechen, sobald die Aufstellung der generellen Sätze schrittweise kritisch überprüfbar ist. Was der kritischen Prüfung standhält, gilt – bis auf weiteres – als »begründet«.

Die Begründung unseres technischen Wissens über Mathematik und Physik habe ich vorhin skizziert. Für ein zukünftiges politisches Wissen sind anstelle von Naturgesetzen Systeme von Normen zu begründen, die in den Institutionen unserer Kultur zu verwirklichen sind.

Die Begründung von Normen geschieht durch Prüfung der faktisch geltenden Normen nach dem Kriterium der Transsubjektivität. Nur wenn verteidigt werden kann, daß die Norm »ohne Ansehen der Person«, ohne Privilegierung partieller Interessen, begründbar ist, nur dann darf sie »gerecht« genannt werden. Diese Definition weist die Gerechtigkeit als den ethisch-politischen Teil der Vernünftigkeit aus.

Normensysteme lassen sich nur als Änderungen schon geltender Normen begründen. Dies führt dazu, daß die Kulturwissenschaften die Aufgabe haben, von den geltenden Normensystemen eine kritische Genese, eine kritische Geschichte ihrer schrittweisen Entstehung zu erarbeiten.
Dieser Rückgang in die Geschichte braucht nicht bis zu den Affenmenschen durchgeführt zu werden, sondern nur so weit, bis man auf einfachere Situationen mit nicht-strittigen Normensystemen kommt. Schon dies wird allerdings schwer genug sein.
Als *eine* Schwierigkeit steht dem entgegen, daß zur Situation, in der über Zwecke zu entscheiden ist, immer Menschen gehören, die auf eine bestimmte Weise fühlen, denken und wollen. Hier läßt sich das Fühlen zwar grundsätzlich behavioristisch definieren, da der Mensch auch ein Lerntier ist – aber die Menschen reagieren insbesondere auf Änderungen der Kultursituationen, die durch das Denken und Wollen hervorgebracht werden. Das Fühlen der Menschen ist also – im Gegensatz zum Tier – kulturabhängig. Schon das Fühlen ist abhängig davon, wie der Mensch seine Kultursituation versteht. In einer unverstandenen Kultur lebt der Mensch, wie Kästner formulierte, nur als »Affe im Kulturwald«.
Hat man es mit einem Menschen zu tun, so gehört zu seiner Situation nicht nur sein erlerntes Verhalten, sondern immer auch sein erworbenes Denken. Nach Platon wird der Terminus »Denken« nur im Sinne sprachlichen Denkens als eines »inneren« Redens mit sich selbst gebraucht. Für das sogenannte bildhafte Denken, auf das wir hier nicht einzugehen brauchen, stehen Wörter wie »Vorstellen« oder »Anschauen« zur Verfügung.
Für das Denken gibt es dann zu all dem, was wir tun, wenn wir reden, entsprechende Denktätigkeiten. Wie wir uns miteinander *beraten*, hin und her argumentieren, sei es über Situationen, Gesetze oder Normen, so gibt es im stillen Selbstgespräch, also im Denken, das *Überlegen.*
Den *Vorschlägen,* die in einer Beratung gemacht werden, entsprechen im Denken unsere *Wünsche*. Wünsche, die aufgrund

von Lust oder Schmerz entstehen, also nicht bloße Wünsche sind, möchte ich »Begehrungen« nennen. Lebensnotwendige Begehrungen heißen insbesondere »Bedürfnisse«. Diese Definition ist davon abhängig, was als zum Leben des Menschen »notwendig« anerkannt wird. Für die kritischen Kulturwissenschaften gehört – im Gegensatz zur Biologie – die Teilnahme an der Redegemeinschaft, die Teilnahme an der Transsubjektivität der kulturellen Institutionen, notwendig zum Leben des Menschen dazu.

Wenn darüber beraten wird, was zu tun ist – welche Zwecke zu verfolgen sind und welche Mittel zweckmäßig sind –, so kommt die Beratung im günstigen Falle nach kritischer Prüfung aller Vorschläge und ihrer Begründungen zu einem *Beschluß.* Entsprechend kommt der einzelne, der sich mit sich selbst berät, in seinem Denken im günstigen Falle zu einem *Entschluß.* Der Terminus »Wollen«, so möchte ich weiter vorschlagen, werde gebraucht für denjenigen, der nach mehr oder weniger sorgfältigen Überlegungen zu einem Entschluß gekommen ist. Er *will* dann z.B. einen Zweck verfolgen oder eine Handlungsweise ausführen bzw. unterlassen.

Als umfassendes Wort für alles das, was jemand – zu einem Zeitpunkt – denkt und will, möchte ich als letztes den Terminus »Sinngehalt« vorschlagen. Dann können wir sagen, daß zu einer Situation, in der es zu handeln gilt, immer die Sinngehalte aller von der Handlung betroffenen Personen dazugehören.

Dies macht die besondere Schwierigkeit der Kulturwissenschaften aus: die Sinngehalte der Menschen können nicht wie die Bewegungen von Körpern *beobachtet* werden, sie können nur aus den Handlungen, insbesondere selbstverständlich auch aus den Reden, erschlossen werden. Die Sinngehalte erschließt man nur durch *Deutung.* Das ist zwar eine Schwierigkeit, die die Naturwissenschaften nicht kennen, deshalb aber kritische Kulturwissenschaft für unmöglich zu halten, ist eine Gedankenlosigkeit. Wahr ist daran nur, daß die gegenwärtige Kulturwissenschaft das Deuten nicht methodisch vollzieht, weil sie sich nicht zur Darstellung der Sinngehalte *vorher* eine Wissenschaftssprache, wie sie hier skizziert wurde, erarbeitet. Faktisch bleibt alles Deuten daher gegenwärtig von den nationalen Spracheigenheiten abhängig. Es bleibt Literatur, statt Wisssenschaft zu sein. Läßt man sich nicht blenden von den Erfolgen der Naturwissenschaften, die ohne Deutungen auskommen, dann bleibt eine kritisch-deutende Kulturwissenschaft die primäre Aufgabe unserer zukünftigen wissenschaftlichen Hochschulen.

Was kann eine kritische Kulturwissenschaft für die zukünftige Politik tun? Das ist die Frage, auf die ich abschließend zu antworten habe.

Wir können dazu jetzt Politik definieren als die Praxis der Gesetzgebung, also der Reform der Normensysteme, die unsere kulturellen Institutionen bestimmen. Das Ziel dieser Reformen ist als Idee leicht zu definieren: Gerechtigkeit.

Eine Norm heißt gerecht, wenn sie bei transsubjektiver Beratung die Zustimmung aller Betroffenen finden würde.

Wie die Form der Ebene eine Idee ist, die materiell immer nur unvollkommen zu realisieren ist, so ist auch die Idee der Gerechtigkeit in einer Menschengruppe, einem Staat, immer nur unvollkommen zu realisieren. Aber diese Idee legt die Richtung fest, in der die gegebenen Normensysteme zu verändern sind – die neuen Normen sollen die Ungerechtigkeiten, die durch kritische Überprüfung erkannt sind, beseitigen.

Diese Überprüfung geltender Normensysteme auf in ihnen steckende Ungerechtigkeiten ist eine wissenschaftliche Aufgabe. Das kann der Politiker in seiner Praxis nicht tun, das sollte er aber während seiner Ausbildung *übungshalber* an einer kritisch angeeigneten Geschichte der Gesetzgebung gelernt haben.

Für langfristige Planungen ist es eine wissenschaftliche Aufgabe, die Richtlinien für Gesetzesreformen auszuarbeiten. Als Basis ist dazu eine Darstellung der gegenwärtigen Situation erforderlich – und zwar nur in den relevanten Zügen, die sich nicht von Tag zu Tag ändern –, und dann ist diese Situation im Denken an der Idee der Gerechtigkeit zu messen.

Dogmatische Positionen sind in der Gesetzgebung zwar faktisch zur Zeit wirksamer als vernünftige Begründungen – aber das

beweist nur, wie dringend eine wissenschaftliche Disziplinierung unseres politischen Denkens ist. Platon empfahl das Studium der Geometrie als Einübung in den denkerischen Umgang mit Ideen. Ich wage es nicht, diese Empfehlung zu wiederholen – es bleibt aber wahr, daß die Gerechtigkeit als oberste Richtlinie der Politik eine Idee ist, also eine Definition, die einen in der Wirklichkeit nicht erreichbaren Staat, der allein vom vernünftigen Konsensus seiner Bürger getragen wird, fordert.
Und man muß gelernt haben, mit solchen Definitionen umzugehen. Das kann man nicht von Natur – die naturwüchsig entstandenen Mythen, Religionen oder Weltbilder erschweren die mühsamen Fortschritte des Denkens. Wissenschaft ist für die Politik wie für die Technik unverzichtbar. In den östlichen Staaten werden gegenwärtig so häufig dogmatische Positionen als »wissenschaftlich« bezeichnet, daß im Westen die skeptische Position des Verzichts auf wissenschaftliche Politik, auf wissenschaftliche Überprüfung der Langzeitprogramme als die redlichere Lösung erscheint. Dies hat zu unserem pluralistischen Demokratieverständnis geführt, in dem die politischen Richtlinien, sogar die Grundwerte, von Parteien als politische Willensbildungen vorgetragen werden. Als ob solche Willensbildungen keiner freien wissenschaftlichen Kritik unterliegen! Man sollte bei faktischem Dissens lieber gemeinsam zugeben, noch zu keiner begründeten Entscheidung gekommen zu sein, als zuzulassen, daß die Wissenschaft von den bloß faktischen Interessen von Teilgruppen in Dienst genommen wird.
So sehr der Pluralismus in Prinzipienfragen dem westlichen Zeitgeist entgegenkommt, er bleibt – trotz des unerfreulichen Dogmatismus im Osten – eine bloß skeptische Notlösung, die uns den Mut zu einer kritischen Überwindung unserer gegenwärtigen geistigen Situation nicht nehmen sollte.
Das gilt, wie ich noch einmal betonen möchte, nur für die Gedankenlosigkeit des Pluralismus in Prinzipienfragen, der die langfristigen Planungen bestimmt. In der Praxis der kurzfristigen politischen Entscheidungen kann allerdings keine Wissenschaft raten. Hier ist oft schon der Zeitdruck zu groß. Bis eine

wissenschaftliche Klärung z.B. eines wirtschaftspolitischen Problems erreicht ist, kann die Wirtschaft schon so zusammengebrochen sein, daß das Bruttosozialprodukt nicht einmal mehr für wissenschaftliche Institutionen ausreicht.

Für kurzfristige Entscheidungen bleibt die demokratische Methode, nur die Hände, nicht die Gründe zu zählen, oft als einzige. Es kommt hinzu, daß zur politischen Praxis immer personalpolitische Entscheidungen gehören. Wer wird Minister, wer Ausschußvorsitzender? Der Politiker muß sich in Personalentscheidungen auf sein eigenes Urteil verlassen – hinterher wird er es oft besser wissen, das gehört zum Berufsrisiko.

Der Politiker, der sich langfristig an dem Stand der wissenschaftlichen Diskussion orientieren sollte, wird kurzfristig oft ohne wissenschaftliche Beratung sein, die Wissenschaft kann ihn aber auch kurzfristig noch auf eine Weise beraten, die schon gegenwärtig – wenn auch unvollkommen – in Gang gekommen ist, nämlich auf die anfangs erwähnte technische Weise.

Wenn ein Beschluß über die Zwecke gefaßt ist, wenn der Politiker sich entschlossen hat, eine bestimmte Änderung z.B. der wirtschaftlichen oder arbeitsrechtlichen Situation durch gesetzliche Maßnahmen herbeizuführen, dann hat er Erwartungen darüber, wie die vorgeschlagenen Maßnahmen sich auswirken werden. Erwartungen zu begründen ist aber eine wissenschaftliche Aufgabe. Nach dem nomologischen Wissenschaftsbegriff wird sie dadurch gelöst, daß erstens die gegebene Situation einschließlich der neuen Maßnahme dargestellt werden muß und zweitens »Gesetze« aufzustellen sind, nach denen sich – erfahrungsgemäß – Situationen verändern. Diejenigen Gesetze, die sich auf die Ausgangssituation anwenden lassen, begründen, welche Folgesituationen zu erwarten sind.

Hier liegt der interessante Fall vor, daß die Wissenschaft in der Tat die zu erwartenden Wirkungen von Maßnahmen voraussagen kann – wenigstens innerhalb gewisser Fehlergrenzen –, daß dies aber nur dann gelingt, wenn die Wissenschaft sich – eventuell gegen ihre eigene wissenschaftstheoretische Meinung – *nicht* nach dem nomologischen Vorbild der Naturwissenschaften richtet, sondern nur dann, wenn sie kritisch-deutend vorgeht. Berücksichtigen wir, daß zur Situation, in der der Politiker handelt, die Sinngehalte (das Denken und Wollen) der Betroffenen gehört, dann ist sofort einzusehen, daß eine hinreichende Kenntnis der Sinngehalte schon analytisch – ohne irgendwelche empirischen Gesetze – eine Voraussage der zu erwartenden Wirkung ermöglicht. Kennen wir nämlich den Sinngehalt einer Person, wissen wir, welche generellen Normen er befolgt – und welche Erwartungen er über die Folgen seines Handelns hat –, dann wissen wir, wie er handeln wird.

Die empirische Forschung wird in den Sozialwissenschaften also gebraucht, um Fakten zu erhalten, aus denen durch Deutung auf den Sinngehalt der Handelnden geschlossen werden kann. Mit einer statistischen Beschreibung der Sinngehalte lassen sich für große Personengruppen, also z. B. in einem modernen Staat, dann wenigstens statistisch die auf eine Maßnahme zu erwartenden Handlungen (man sagt meistens: Reaktionen) voraussagen.

Das sind keine exakten Voraussagen, weil erstens die Sinngehalte nur durch Deutung zugänglich sind, zweitens aber, weil die Sinngehalte der Menschen – erfreulicherweise – keine Naturkonstanten sind, sondern durch Bildung, durch Aufklärung veränderlich.

Wer die Leute manipulieren will, muß sie mit starren Sinngehalten indoktrinieren – das weiß jeder Machtpolitiker. Wenn aber Politik überall da, wo wissenschaftliche Beratung möglich ist, diese Chance zu einer aufgeklärten Politik ergreift, dann – ja, dann werden auch keine vollkommenen Zustände eintreten. Es wird weiterhin Leid und Bosheit geben, aber dann wird die Wissenschaft, die pädagogische Gewalt, nicht mehr zu ihrer gegenwärtigen Ohnmacht verurteilt sein. Die ersten Schritte in dieser Richtung der politischen, nicht nur technischen Aufklärung muß allerdings die Wissenschaft selber tun. Es ist die kritische Aufgabe der gegenwärtigen Wissenschaftstheorie, die Wissenschaft zu diesen ersten Schritten zu bewegen.

Textnachweise

Regeln vernünftigen Argumentierens. In: Aspekte 3 (1970) H. 1–6. Wiederabdruck in: Paul Lorenzen: Konstruktive Wissenschaftstheorie. Frankfurt a. M.: Suhrkamp, 1974. [Für die vorliegende Ausgabe neu durchgesehen.]

Die klassische Analysis als eine konstruktive Theorie. In: Acta Philosophica Fennica 18 (1965) S. 81–94. [In der vorliegenden Ausgabe gekürzt.]

Die drei mathematischen Grunddisziplinen der Physik. Vortrag an der Universität Erlangen (1977).

Eine Revision der Einsteinschen Revision. Manuskript aus dem Philosophischen Seminar der Universität Erlangen (1976).

Interdisziplinäre Forschung und infradisziplinäres Wissen. Vortrag an der Universität Bielefeld (1973). In: Paul Lorenzen: Konstruktive Wissenschaftstheorie. Frankfurt a. M.: Suhrkamp, 1974. [Für die vorliegende Ausgabe neu durchgesehen.]

Das Begründungsproblem politischen Wissens. In: Logik, Ethik, Theorie der Geisteswissenschaften. Hauptvorträge, Kolloquien, Sektionsvorträge, gehalten auf dem XI. Deutschen Kongreß für Philosophie in Göttingen, 5.–9. Oktober 1975. Hrsg. von Günther Patzig, Erhard Scheibe und Wolfgang Wieland. Hamburg: Meiner, 1977. [Abdruck nach dem neu durchgesehenen Vortragsmanuskript.]

Wissenschaftstheorie und Politikberatung. Vortrag im Norddeutschen Rundfunk (1976).

Biographische Notiz

Paul Lorenzen, geboren am 24. März 1915 in Kiel, aufgewachsen in Bad Pyrmont. Studium der Mathematik, Physik, Chemie und Philosophie von 1933 bis 1938 in Kiel, Berlin und Göttingen.

1938 Promotion bei Helmut Hasse in Göttingen über ein selbstgewähltes algebraisches Thema.
1939 Wissenschaftlicher Assistent in Bonn.

Während des Krieges eingezogen. Seit 1942 als Lehrer an der Marineschule in Wesermünde.

1946 Habilitation für Mathematik in Bonn.
1948/49 Gastdozent in Cambridge, England.
1952 apl. Professor für Mathematik und Geschichte der Mathematik in Bonn.
1956 o. Professor für Philosophie in Kiel.
1957/58 Member of the Institute for Advanced Studies in Princeton, New Jersey.
1962 o. Professor für Philosophie in Erlangen.
1965 Gastprofessor in Stanford, California.
1965/66 Gastprofessor an der University of Texas, Austin.
1966 August/September: Gastmitglied der Akademie der Wissenschaften in Moskau.
1967–71 Gastprofessor in Austin, Texas, jeweils für die Zeit zwischen dem deutschen Winter- und Sommersemester.
1967/68 John Locke Lecturer in Oxford, England.
1972–75 Gastprofessor in Boston, Massachusetts, jeweils für die Zeit zwischen dem deutschen Winter- und Sommersemester.

1960 o. Mitglied der Akademie der Wissenschaften (Historisch-philologische Klasse) in Göttingen.
1967 o. Mitglied der Académie Internationale de Philosophie des Sciences in Brüssel.
1969 o. Mitglied des Institut International de Philosophie in Paris.
1973 Dr. h. c. durch die Staatsuniversität Rio de Janeiro-Niteroi, Brasilien.

Buchveröffentlichungen von Paul Lorenzen

Einführung in die operative Logik und Mathematik. Berlin/Göttingen/Heidelberg: Springer, 1955, ²1969.

Formale Logik. Berlin: de Gruyter, 1958, ⁴1970. (Sammlung Göschen. Bd. 1176/1176a.)

Die Entstehung der exakten Wissenschaften. Berlin/Göttingen/Heidelberg: Springer, 1960.

Metamathematik. Mannheim: Bibliographisches Institut, 1962. (B. I.-Hochschultaschenbuch. Bd. 25.)

Logik und Grammatik. Mannheim: Bibliographisches Institut, 1965. (Duden-Beiträge. H. 26.)

Differential und Integral. Eine konstruktive Einführung in die klassische Analysis. Frankfurt a.M.: Akademische Verlagsgesellschaft, 1965.

Wilhelm Kamlah / Paul Lorenzen: Logische Propädeutik oder Vorschule des vernünftigen Redens. Mannheim: Bibliographisches Institut, 1967, ²1973. (B. I.-Hochschultaschenbuch. Bd. 227.)

Methodisches Denken. Gesammelte Aufsätze. Frankfurt a.M.: Suhrkamp, 1968, ²1974. (suhrkamp taschenbuch wissenschaft. Bd. 73.)

Normative Logic and Ethics. Mannheim: Bibliographisches Institut, 1969. (B. I.-Hochschultaschenbuch. Bd. 236.)

Paul Lorenzen / Oswald Schwemmer: Konstruktive Logik, Ethik und Wissenschaftstheorie. Mannheim: Bibliographisches Institut, 1973, ²1975. (B. I.-Hochschultaschenbuch. Bd. 700.)

Konstruktive Wissenschaftstheorie. Frankfurt a.M.: Suhrkamp, 1974. (suhrkamp taschenbuch wissenschaft. Bd. 93.)

Inhalt